DE LA

SOUVERAINETÉ DU PEUPLE

ET DES PRINCIPES

DU GOUVERNEMENT RÉPUBLICAIN MODERNE.

OUVRAGES DE M. ORTOLAN.

Fr. c.

Histoire de la législation romaine, 3ᶜ édition, 1 vol. in-8. . .   5

Explication historique des Instituts de Justinien, 3ᵉ édition, 2 vol. in-8. 12

Le ministère public en France, Traité et Code de son organisation, de sa compétence et de ses fonctions dans l'ordre politique, judiciaire et administratif, par MM. Ortolan et Ledeau, 2 vol. in-8. 12

Cours de législation pénale comparée. . . . . { Introduction philosophique, 1 vol. in-8. . . . . 4 50 / Introduction historique, 1 vol. in-8. . . . . 3 50

Les Enfantines, Moralités, 1 vol. in-12, format Charpentier.   3 50

Sous presse :

Éléments de droit pénal, — Pénalité, Juridictions, Procédure, 1 vol. in-8. . . . .

Histoire du droit constitutionnel en Europe, jusqu'à nos jours ; suivie du texte des principales constitutions actuelles ; 2ᵉ édition augmentée d'un second volume, 2 vol. in-8. 12

PARIS. — IMPRIMERIE DE FAIN ET THUNOT.
Rue Racine. 28. près l'Odéon

DE LA
SOUVERAINETÉ DU PEUPLE

ET DES PRINCIPES

DU GOUVERNEMENT RÉPUBLICAIN MODERNE;

COURS OUVERT

A LA FACULTÉ DE DROIT DE PARIS,

Le samedi 26 février 1848 ;

Par J. ORTOLAN,

PROFESSEUR A CETTE FACULTÉ.

PARIS.

JOUBERT, LIBRAIRE DE LA COUR DE CASSATION,
Rue des Grés, 14, près de l'École de droit.

GUILLAUMIN ET Cᵉ, LIBRAIRES,
Rue Richelieu, 14.

1848.

DE

LA SOUVERAINETÉ DU PEUPLE

ET DES PRINCIPES

DU GOUVERNEMENT RÉPUBLICAIN MODERNE.

LEÇON I.

(Samedi, 26 février 1848)[1].

OBJET ET ORDRE DE CET ENSEIGNEMENT.

Jeunes citoyens de notre République naissante, mais forte, mais grande, mais pleine de virilité dès sa naissance ! (Applaudissements.)

Nous nous sommes vus dans le moment de la lutte ; quelques-uns d'entre vous ont serré leurs coudes contre les miens : aujourd'hui nous nous retrouvons dans cette enceinte de pacifiques et graves études. Ceci n'est pas sans signification ; ceci nous montre

[1] M. Ortolan, professeur à la Faculté de droit de Paris, a commencé, au milieu d'une foule nombreuse d'auditeurs, ses leçons sur la souveraineté du peuple et sur les principes du Gouvernement républicain moderne. La pensée d'un tel enseignement, fondé, non sur la passion, mais sur la science, et adressé en ce moment à la jeunesse de l'École de droit, est une patriotique et salutaire pensée dont il faut remercier le ministre provisoire de l'instruction publique, M. Carnot.

(*Gazette des Tribunaux*, du 29 fév.)

que nos rôles viennent de changer. Nous avons servi, dans l'action, la cause de la liberté et de l'affranchissement populaire : nous avons maintenant à la servir non moins utilement, en hommes sérieux, réfléch's et dévoués à cette cause sainte.

Il importe au triomphe et à la gloire de notre République, que, partout, les affaires, les travaux, les rouages de la société reprennent leur cours régulier. Il importe de montrer au monde que les mains qui lèvent les pavés savent les remettre à leur place, que les mains qui démolissent savent construire et solidifier ; que ceux qui savent agiter et combattre, savent également, après la victoire, rasurer et donner la paix à toutes choses. Dès hier la justice a fonctionné, la Cour de cassation, cette belle institution de la Constituante, a rendu ses arrêts au nom du peuple français. (Applaudissements.)

Nous, Messieurs, dans notre paisible sphère, revenons à nos travaux, revenons demander à l'étude les connaissances qui fortifient le cœur et l'intelligence, qui préparent notre avenir et celui de la patrie.

L'objet de mon enseignement est la législation pénale ; nous ferons ici une halte de quelques jours. Le ministre provisoire de l'instruction publique, M. Carnot, nom cher et glorieux dans les fastes de la République française ! (Vifs applaudissements) a jugé utile que j'expose devant vous, non pas d'après les données de la passion, mais d'après les données scientifiques du droit, les principes de la Souveraineté du Peuple et du Gouvernement républicain moderne. Plus d'une fois l'idée génératrice de ces principes s'est rencontrée dans les problèmes du droit pénal : ceux d'entre vous qui ont suivi mes leçons et mes travaux depuis dix ans que je suis chargé de cet enseignement, savent que je n'ai rien à changer là-dessus à mes convictions, à mes paroles ni à mes écrits. (Plusieurs voix : C'est vrai ! c'est vrai !)

Il ne s'agit pas de produire en vous de l'excitation. De l'excitation au patriotisme? Eh ! comment en serait-il besoin ! Il s'agit au contraire de vous amener dans le domaine de la science. Vous savez que la science, suivant la définition que je vous en ai donnée, en quelque ordre d'idées que vous la preniez, n'est autre chose que la connaissance des vérités primordiales qui existent dans la création. Vous savez qu'elle est calme et austère : c'est en homme austère et de bonne foi que je développerai mes idées. Je n'ai pas besoin d'ajouter que ces idées n'ont rien d'officiel ; cette chaire est libre, et ma parole l'a toujours été : je l'occupe avec la possibilité d'errer, avec la responsabilité de mes erreurs.

Le principe de la Souveraineté du Peuple, Messieurs, a été démenti; la forme du gouvernement républicain, sous l'apparence d'un fantôme dont on a fait un épouvantail, a été calomniée. Il s'agit de faire toucher au doigt la vérité du principe et ses réelles conséquences; il s'agit de faire disparaître les calomnies, les appréhensions ridicules ou simulées, et aussi, Messieurs, les fausses exagérations; il s'agit de montrer tous les éléments de bien général qui sont contenus dans cette forme de gouvernement tel qu'il est conçu, tel qu'il doit être et qu'il sera pratiqué aujourd'hui.

Je consacrerai cette leçon à tracer le cadre dans lequel s'enfermera ce rapide enseignement.

I.

Mettez un homme en face d'un autre, à l'instant et inévitablement il naît entre eux certaines nécessités morales d'actes à faire ou à ne pas faire, dont l'un peut exiger l'observation, que l'autre doit subir : devoirs pour celui-ci, droits pour celui-là. Ce qu'on nomme *le Droit* d'une manière indéfinie n'est autre chose que la généralisation de cette idée.

Il n'y a pas de société sans droit; il n'y a pas de droit sans société; le droit est la première et la plus essentielle des sciences sociales.

Eh bien! je démontrerai que la Souveraineté du Peuple est un corollaire forcé de l'idée rigoureuse du droit. Je démontrerai que le gouvernement républicain moderne, entre toutes les formes de gouvernement, est celui qui doit avoir le plus de respect et le plus de garanties pour le droit. Je démontrerai que ses deux principes fondamentaux : LIBERTÉ, ÉGALITÉ, découlent directement du droit, ou pour mieux dire, ne découlent que du droit. Dans l'ordre matériel des faits, c'est l'oppression, c'est l'inégalité; mais à mesure que la raison humaine avance dans l'idée du droit, les idées de liberté et d'égalité naissent, se fortifient et sont consacrées. (On applaudit.)

II.

Outre ces nécessités d'actions ou d'inactions qu'un autre a la faculté de nous contraindre à observer, il en est qui n'existent qu'au dedans de nous ; que seuls, nous devons nous imposer à nous-mêmes ; pour lesquelles il n'y a que la conscience qui donne l'ordre, et qui condamne si nous y manquons. L'idée généralisée de ces nécessités d'une autre nature est ce qu'on nomme *la Morale.*

Je démontrerai que les violations du droit dans les formes de l'organisation sociale amènent l'affaiblissement et les violations des idées morales; avec cette multitude de vices : orgueil, bassesse, dureté, servilisme, cupidité, corruption, auxquelles toute une société, l'exemple gagnant de proche en proche, finit par être conduite et par s'abandonner avec laisser-aller. Tandis que le gouvernement républicain, tel qu'il doit être conçu et pratiqué aujourd'hui, doit relever, doit honorer la pensée morale, et remettre la société dans la voie du bien comme dans celle du juste. Je démontrerai que le troisième principe de ce gouvernement, FRATERNITÉ, principe dont on avait fini presque par faire aussi un objet de peur, n'est autre chose, sous une expression différente, que la pensée la plus douce, la plus chrétienne de la morale : la charité ! (Applaudissements.)

III.

Un troisième point, *la Richesse sociale et individuelle*, attirera notre attention. Gardez-vous d'en faire mépris ou bon marché, et de croire qu'une forme quelconque de gouvernement doive la sacrifier ou puisse s'en passer! Ce que les économistes nomment richesse n'est autre chose que tout objet pouvant servir aux besoins ou au bien-être de l'homme. L'homme, être complexe, à la fois matière et esprit, a des besoins, des intérêts d'une double nature, les uns matériels, les autres moraux et intellectuels. Il en est de même de la société, qui n'est qu'une grande association d'hommes; aucune forme de gouvernement quelconque ne peut vivre sans donner satisfaction à la fois aux intérêts matériels et aux intérêts moraux de la société et des individus.

Je démontrerai que tous les éléments productifs de la richesse sociale et individuelle : le travail, le premier de tous; la terre, qui, fécondée par le travail, donne des matières premières que le travail reprend et transforme encore à son tour; le capital matériel, qui fournit au travail le moyen de s'appliquer et de se développer; le crédit, qui n'est autre chose que la confiance dans un homme ou dans l'état des affaires, et qui a pour effet, non pas de doubler, non pas de tripler, mais de décupler, mais de centupler le mouvement de la production et des échanges; enfin le capital moral, c'est-à-dire l'intelligence, le génie, l'aptitude native, la probité,

les vertus domestiques et sociales, qui non-seulement engendrent le crédit, mais qui par elles-mêmes sont une
force directement productive ; qui font qu'un homme
ramassant à dix-sept ans une épingle dans la cour
d'un banquier auquel il venait demander une humble
place de commis, sera un jour un riche commerçant,
un grand citoyen, et s'appellera un Laffitte (applaudissements) : je démontrerai que tous ces éléments de
la production de la richesse, loin d'être méconnus,
amoindris ou sacrifiés par le gouvernement républicain, tel qu'il doit être conçu et pratiqué aujourd'hui,
seront au contraire sauvegardés, excités et multipliés
par ce gouvernement.

Trop de personnes ont professé qu'il n'y a à s'in-
quiéter, à l'égard de la richesse, que de deux problèmes seulement : la production et la consommation ;
la voir naître et la voir consommer : je démontrerai
que, seul, le Gouvernement républicain apportera et
résoudra pacifiquement un troisième problème bien
autrement difficile et essentiel, celui de la répartition de la richesse !

IV.

Ici, Messieurs, arrive le plus grand effroi qu'on ait,
à diverses époques, travaillé à faire naître contre cette
forme de gouvernement : je veux parler des frayeurs
et des calomnies relatives à la propriété.

Je démontrerai que la propriété est un droit sacré,
parce qu'elle n'est autre chose que le fruit du travail :

parce que, sous quelque forme et dans quelques mains que vous la preniez, dans des économies, dans une hérédité, c'est toujours le travail transformé, mis en réserve, soit par celui-ci, soit par celui-là; car toujours, en remontant si haut que ce soit, il faudra arriver à l'appropriation par le travail. Je démontrerai qne de tous les gouvernements, le gouvernement républicain moderne est celui qui non-seulement respectera, mais qui parviendra le mieux à consolider et à rassurer pleinement la propriété.

Mais votre problème de la répartition de la richesse, dira-t-on, n'est-ce pas le partage entre tous de la richesse d'autrui? N'est-ce pas la loi agraire?

Vous, Messieurs, qui avez étudié ici la science historique du droit, vous savez ce que c'était que ces champs dont le partage était demandé ou opéré par ces lois agraires si effrayantes pour certains esprits. Vous savez que c'étaient les champs de la conquête, les champs appartenant au peuple romain, que les patriciens avaient d'abord affermés, puis usurpés, possédés à la longue sans en payer aucun fermage, et qu'on voulait faire rentrer dans les mains du peuple à qui réellement ils appartenaient, ou dont on voulait limiter la quotité susceptible d'être affermée par chacun. Mais prendre la propriété individuelle, c'est à-dire la détruire, pour en faire des partages toujours à recommencer! quel gouvernement a jamais eu une aussi injuste, une aussi stupide pensée? La propriété n'est autre chose que le travail transformé; le travail est la première loi morale de l'humanité; sans travail

pas de propriété ; sans propriété pas de travail : l'une
est donc aussi juste , aussi sacrée que l'autre. (Applaudissements.)

V.

Comment donc ces règles meilleures sur la répartition de la richesse s'établiront-elles dans le Gouvernement républicain moderne , tout en respectant et en
consolidant la propriété? Je démontrerai que la République y parviendra par deux moyens infaillibles,
qui sont dans l'essence même de ses principes : en
premier lieu, par de meilleures conditions données à
la création , à la distribution , à la multiplication du
travail ; et en second lieu, par un meilleur emploi des
revenus publics.

S'agirait-il , par hasard , ici, de donner , de distri-
buer de l'argent en aumônes aux pauvres? Qui parle
ici d'aumônes? qui parle ici de pauvres et de men-
diants? La mendicité est une plaie funeste, immorale,
alarmante , et inguérissable jusqu'à ce jour. Je démontrerai que le Gouvernement républicain moderne
seul est capable de résoudre ce problème difficile de
l'extinction de la mendicité ; non pas qu'il ait en ses
mains comme une baguette magique , à l'aide de laquelle doivent disparaître, par enchantement, les abus
et les plaies sociales : il y faudra quelque temps et des
efforts. Mais, seul, il est capable d'y réussir, parce
que, seul, il trouvera dans ses principes la volonté
inébranlable et les moyens de produire cette extinction !
(Vifs applaudissements.)

VI.

Nous sommes tous ouvriers, tous travailleurs de la tête ou des bras; mais il en est qui ne vivent qu'au jour le jour de leur travail. Qu'ils tombent malades, qu'ils chôment, qu'ils deviennent infirmes, que la vieillesse arrive : toute suspension, toute impossibilité de travail, c'est la souffrance, c'est la misère ! Déjà les efforts des particuliers, des cœurs secourables et fraternels, soit dans la théorie, soit dans la pratique, se sont préoccupés de cette destinée; déjà quelques institutions ont essayé d'y pourvoir en quelques points; déjà on a entrevu la possibilité de prendre l'enfant de l'ouvrier qui a besoin d'assistance, et de le suivre depuis le jour de sa naissance jusqu'au terme commun, en passant successivement par l'allaitement, par la garde, par la première direction, par l'éducation morale et l'instruction professionnelle, par le travail, enfin par la retraite et le repos des invalides et des vieillards.

Je démontrerai que seul le Gouvernement républicain moderne pourra accomplir cette grande tâche, parce que seul il posera hardiment et fermement en principe obligatoire ces vérités :

1° Qu'à tout enfant de la République l'État doit, si d'autres ne peuvent les lui donner, l'éducation, l'instruction professionnelle, ou même l'instruction et l'élan vers les arts, vers les lettres, vers les sciences, lorsque la voix de la nature l'y appelle;

2° Qu'à tout homme n'ayant pour vivre que le travail et pouvant travailler, l'État doit l'assurance permanente du travail;

3° Qu'à tout homme ne pouvant plus travailler et n'ayant aucune ressource individuelle, l'État doit le repos et les moyens d'existence.

Car autrement, que voulez-vous que fassent ces hommes? qu'ils meurent? ou qu'ils deviennent criminels?

Je démontrerai que seul l'État républicain moderne, dans l'essence de ses principes et dans les conséquences qui en découlent pour le dressement de son budget, pour la nature de ses recettes et de ses dépenses, est capable de trouver les ressources financières indispensables pour remplir, je ne dirai pas ces offices de charité, mais ces obligations générales de la nation. (Applaudissements.)

VII.

Enfin, à la suite de ces réformes il en est une autre bien importante dont on s'occupait (mais comment s'en occupait-on?) : la réforme de la criminalité et du système de nos peines publiques. Je vous ai signalé là-dessus, plus d'une fois, le besoin et les conditions d'une complète révolution. C'était encore le sujet de nos leçons dernières. Je démontrerai, en tirant seulement les conséquences de ce que je vous ai dit à cet égard, que le Gouvernement républicain moderne a en lui tout ce qu'il faut pour accomplir cette autre révolution ; mais qu'à l'aide des institutions républicaines qui précèdent il aura fait bien plus encore : il sera parvenu, autant que possible, à prévenir le mal en faisant le bien.

Dans l'exposé de ce programme, j'ai toujours parlé du Gouvernemeut républicain *moderne* : c'est qu'en effet, Messieurs, il est une loi glorieuse de l'humanité, la loi du progrès. Je démontrerai l'existence et l'accomplissement de cette loi ; je vous en donnerai la conviction intime, non par de vaines paroles, mais par l'évocation des grands faits historiques. C'est cette loi que nous suivons ; cette loi qui nous porte constamment et en toutes choses, du mal au bien, du bien au mieux ; c'est sur cette loi que se fonde et s'organise le Gouvernement républicain moderne.

La République française de 1848 ne ressemble en rien au fantôme dont on alarmait naguère les esprits faibles, et sur lequel on a débité tant de stupides calomnies. C'est un Gouvernement national, le Gouvernement du peuple français : conservant tout ce que nous avons conquis de bon et d'utile depuis cinquante ans d'expériences et de luttes, y ajoutant ce qui nous manquait, supprimant tout ce qu'il y avait d'injuste ou de mauvais, et inscrivant pour règles de conduite générale : respect à tout ce qui est respectable ; sécurité à tous les intérêts légitimes ; protection et garanties pour tous les droits, pour toutes les transactions ; continuation sans secousse du mécanisme régulier de la société. Ainsi nous donnerons au monde ce beau spectacle, d'une pareille République qui s'installe chez nous en trois jours, et qui se met à vivre, puissante, juste, calme, rassurante et magnanime dès ses premiers pas! (Applaudissements prolongés.)

Je commencerai à traiter, mardi prochain, de la Souveraineté du Peuple.

LEÇON II.

(Mardi, 29 février.)

DE LA SOUVERAINETÉ DU PEUPLE.

Je dois traiter aujourd'hui de la Souveraineté du Peuple. Et d'abord, je m'adresserai cette question : Qu'est-ce qu'un peuple?

I.

Il y a, Messieurs, pour le cœur de l'homme trois unités : un Dieu, une patrie, une famille. Un peuple est une de ces trois unités; car Peuple, Patrie, sous deux aspects différents, l'idée est la même.

Un peuple est donc une grande unité. Mais qui est-ce qui crée de pareilles unités? Qui est-ce qui donne à des milliers d'hommes comme un seul corps, comme une seule âme, comme une seule vie, et leur dit : « Tu seras un peuple! »

Le philosophe, le naturaliste, le géographe, le philologue, l'historien, au point de vue chacun de leurs investigations, cherchent la solution de ce problème.

L'identité d'origine , de langage , de conformation physique et de dispositions morales , une longue communauté d'intérêts et de sentiments , une fusion d'existence amenée par le laps des siècles , sont au nombre des causes de ces créations de nationalités. Et si vous jetez un coup d'œil sur l'Europe, vous y verrez, à partir de la chute de l'empire romain, dans le long travail d'où sont sorties les nations modernes, un des exemples les plus saillants de semblables créations.

Mais pour que cette association , cette unité qu'on appelle un peuple, puisse prendre une existence sûre , jouer le rôle d'un être collectif, et pourvoir, comme tous les êtres , à sa conservation , à ses intérêts , il lui faut , de même qu'à nous, dans sa vie tant intérieure qu'extérieure, des organes de sensibilité, d'intelligence, d'ac tivité communes. Être complexe et abstrait, avec quoi lui formera-t-on ces organes? Inévitablement avec le concours plus ou moins large ou plus ou moins restreint des individus dont il se compose. Les diverses facultés, les diverses puissances de délibération , de décision ou d'action attribuées à ces organes , ne sont autre chose que ce qu'on nomme les pouvoirs publics. Lorsque les peuples sont ainsi organisés , on les appelle dans la langue politique , des États, des Puissances.

Un État, de même qu'un peuple, est donc une grande unité ; mais celle-ci est différente de la précédente. L'unité, chez un peuple, est une unité de nature, d'origine ou d'histoire ; dans un État, c'est une unité de gouvernement , de pouvoirs publics.

L'ordre naturel , l'ordre régulier et bienfaisant est

dans la confusion, dans la mise en accord de ces deux unités; c'est-à-dire qu'un seul peuple forme un seul État, ou du moins plusieurs États alliés entre eux. Et cependant, combien de fois ne voyons-nous pas ces deux unités violemment séparées, l'une divisée et froissée par l'autre? combien de morcellements douloureux, d'antipathiques accouplements produits par la guerre, par la conquête, par les traités? jusqu'aux testaments, jusqu'aux ventes, par lesquels un homme lègue, cède à un autre, contre de l'argent, des fragments de territoires et des fragments de peuples!... Comme si avec les membres arrachés à divers peuples vivants, puis rapprochés et comprimés par une force unique, il était possible de faire un peuple! Un peuple serait-il, par hasard, comme un polype, qui peut se diviser et dont chaque partie produit un nouvel être? N'est-il pas plutôt comme cet animal vivace dont les tronçons s'agitent et se cherchent jusqu'à ce qu'ils se soient réunis? (Applaudissements.)

Dans ces séparations, dans ces compressions contre nature, il y a malaise, tendance de réaction, de retour même violent à l'harmonie naturelle. Voyez notre Europe! vous y trouverez, par cette cause, autrefois et aujourd'hui encore, des germes flagrants de soulèvements et de révolutions.

Félicitons-nous, Messieurs, d'appartenir à une patrie où les deux unités sont indissolublement liées, où les siècles, en marchant, ont créé ce tout, puissant et original, ce type à part et caractéristique, auxquels on reconnaît une nation; où tous, ouvriers, artistes, penseurs, nous ne sommes ensemble qu'une seule et grande chose : le peuple français ! Ce n'est pas vous qui prendrez ce mot de PEUPLE dans son acception étroite, qui n'y verrez qu'une fraction, celle que les anciens appelaient avec dédain *la plèbe* : partie vitale, partie intrépide, partie généreuse, mais enfin partie seulement du grand tout ; ce n'est pas vous qui méconnaîtrez le peuple (*populus*), cette universalité des membres de la nation !

II.

Après avoir déterminé ce que c'est que le peuple, je m'adresserai maintenant cette autre question : Qu'est-ce que la souveraineté ?

Imaginez, dans ce peuple ou État, un pouvoir indépendant de toute action autre que la sienne, placé au-dessus de tous les autres pouvoirs, duquel on peut dire qu'il les domine tous et les contient tous ; que tous rayonnent de lui et rayonnent à lui, comme la chaleur, comme la lumière partant du foyer, comme les émanations sorties de l'Océan et retombant dans l'Océan ; qu'il n'en a aucun plus haut que lui, ni même à côté de lui ; imaginez un tel pouvoir, dans cette position suprême, *supremus, soprano, sovrano,* souverain. Voilà, Messieurs, la souveraineté.

Eh bien ! je vous le demande, dans cette grande unité qui se nomme un peuple, dans ce grand être collectif, est-il quelqu'un, si ce n'est lui-même, qui puisse avoir un pareil droit ? Est-il possible de dire que tout ce peuple soit fait pour une caste, pour une famille, pour un seul homme, au lieu de dire que ce sont tous ses membres qui sont faits pour lui ? Est-il un pouvoir au-dessus de lui ou à côté de lui ? Tous ne sont-ils pas contenus en lui, émanant de lui, retournant à lui ?

Vous le voyez, par les idées de droit, par les déductions exactes, rigoureuses de la raison, par la vérité de ce qui existe immuablement dans la création de l'homme et de l'humanité : la Souveraineté du Peuple est démontrée [1] ! (Applaudissements prolongés.)

[1] Voici ce que j'écrivais, en 1834, dans un article sur les *Vices des anciennes constitutions en Europe*, extrait de mon Cours d'histoire du droit constitutionnel, et inséré dans la Revue du progrès social (numéro de juin 1834) :

« Le second vice des constitutions anciennes était un vice *fondamental.*

» Ces chartes générales et particulières, ces diplômes, ces priviléges qui servaient de fondement au système incoordonné des constitutions, étaient octroyés. Le régime féodal avait fait oublier le droit naturel, que tout part du peuple ; et les rois et les princes avaient paru propriétaires des institutions et des libertés.

» Quand ils les avaient concédées bénévolement, on les avait possédées comme faveur accordée par eux ; quand on les leur avait achetées, comme chose vendue par eux ; quand on les avait obtenues par les armes, comme chose conquise sur eux : ainsi, dans tous les cas, elles étaient considérées comme venant d'eux ; et même, dans les deux derniers, pour ménager leur orgueil et leurs droits de suzerains, on avait souffert qu'ils parussent concéder volontairement ce que l'avarice ou la force seule leur avait arraché. »

Après avoir cité en exemple de ce fait remarquable les décrets du roi saint Étienne et d'André II, fondement des libertés hongroises, la Bulle d'or d'Allemagne, le Privilége général d'Aragon, et la Grande charte d'Angleterre, j'ajoutais :

« Qu'on ne croie pas que ce ne soit là qu'un mot, et qu'*octroyée* ou non *octroyée*, pourvu que la charte existe, cela suffise.

» Une charte octroyée, en supposant même, ce qui n'arrive jamais, qu'elle le soit libéralement, est contraire au droit impérissable des peuples et insultante pour eux !

III.

Plus d'une fois l'histoire l'a inscrite en texte formel, dans ses monuments.

Vous la trouverez dans les déclarations des États

» Elle est insultante et contraire à leur droit, parce que déplaçant la souveraineté, supposant que toute une nation est la propriété d'un seul homme ou d'une seule famille, elle porte en quelque sorte pour inscription : « Le peuple n'est libre que parce que le roi l'a voulu ! »

» Assise sur une pareille base, elle tombera,

» Lorsque le monarque se croira devenu assez fort pour retirer ce qu'il avait été forcé de céder;

» Ou lorsque la nation, plus éclairée, sentant sa force et son droit, renversera cette charte octroyée, et écrira en tête de celle qu'elle se donnera : « Le roi n'est roi que parce que le peuple l'a voulu ! » (*Juin* 1834. Voir aussi, *Dictionnaire de la conversation*, mon article *Droit constitutionnel*, 1835.)

La souveraineté du peuple n'est pas illimitée. Le peuple n'en peut pas user pour la détruire ; il n'en peut pas user contre les vérités de droit, ni contre les vérités de morale, ni contre aucune des vérités primordiales de la création. C'est l'opinion que j'exprimais dans mon Cours d'histoire du droit constitionnel en Europe, de 1833, au sujet de la révolution de Danemark, de 1660, qui attribua le pouvoir absolu au roi. Après avoir cité les dispositions de la loi royale, qui suivit cette révolution, loi effrayante avec ses quarante articles, dont quelques-uns étaient ainsi conçus : «Le roi hérédi- » taire de Danemark et de Norwége sera désormais réputé indépendant » sur la terre ; il sera au-dessus de toutes les lois humaines, ne reconnais- » sant de puissance au-dessus de la sienne que celle de Dieu. (Art. 2.) — Il » jouira d'un pouvoir absolu illimité, et l'on donnera à ces mots une va- » leur plus étendue encore qu'ils n'en ont dans les pays où les rois chrétiens » héréditaires sont censés jouir d'un pouvoir absolu. » (Art. 26.) J'ajoutais :

« De tels principes, un tel acte, impriment une tache indélébile au front de toute une nation! et cependant qu'on ne l'impute pas à la nation : la révolution n'est que l'œuvre des États; quels États encore? ceux du dix-septième siècle. Quant à la loi royale, c'est le roi lui-même, et seul, qui la décrète, comme le premier acte du pouvoir absolu qui lui a été déféré.

» Mais quand il serait vrai que tout un peuple, réuni dans une vaste plaine, fût assez égaré pour proclamer une loi pareille!... Il n'en a pas le droit! Le peuple est souverain, mais il ne peut détruire cette souveraineté, parce qu'il ne peut se suicider. Il est libre par l'organisation, par d'Amérique, s'affranchissant, avec le secours de la France, en 1776[1] ;

Vous la trouverez dans tous les projets de déclaration des droits de l'homme et du citoyen, publiés en 1789 par les grands noms de l'époque : Condorcet, Pétion, Lafayette, Sièyes, Carnot, Mirabeau ;

Vous la trouverez dans la première constitution donnée à la France par l'Assemblée nationale en 1791, quoique dans des termes inexacts et qui manquent de fermeté[2] ;

Vous la trouverez nettement, vigoureusement posée, dans les deux constitutions de la Convention : celle de 1793, qui ne fonctionna jamais, remplacée qu'elle fut immédiatement par le régime nommé révolutionnaire, et celle de 1795, qui ne fonctionna que quatre ans.

la nature même de l'homme, à la charge pour chaque génération de conserver cette liberté à la génération qui la suivra, et de l'améliorer sans cesse en suivant la voie des progrès. Car si le pouvoir des rois est limité par les droits imprescriptibles des peuples, celui des peuples l'est à son tour par les lois immuables de la nature. » (*Cours d'histoire du droit constitutionnel*, de 1833, p. 73.)

[1] « Toute autorité appartient au peuple, et par conséquent émane de lui. » (Déclaration de l'État de Virginie, art. 2.) — « Tout gouvernement tire son droit du peuple. Le peuple doit avoir seul le droit exclusif de régler son gouvernement. » (Déclaration de l'État de Maryland, art. 1 et 2). — « Toute autorité publique réside uniquement dans le peuple, et tout pouvoir politique émane uniquement de lui. » (Déclarat. de l'État de la Caroline septentrionale, art. 1.)

[2] « Le principe de toute souveraineté réside essentiellement dans la Nation ; nul corps, nul individu, ne peut exercer d'autorité qui n'en émane. » (Déclarat. de l'assemblée nationale, en août 1789, art. 3, réunie ensuite à la constitution de 1791.) — Ce n'est pas seulement le principe de la souveraineté, c'est la souveraineté elle-même qui réside essentiellement dans la

« La souveraineté réside dans le peuple : elle est une et indivisible, imprescriptible et inaliénable, » dit l'article 25 de la déclaration de 1793.

« Le peuple souverain est l'universalité des citoyens français, » dit l'article 7 de l'acte constitutionnel qui suit cette déclaration.

Ensuite, vous arriverez à la constitution de l'an VIII, aux sénatus-consultes organiques de l'an X et de l'an XII : actes qui, en trois étapes, conduisent l'homme de guerre, par le consulat à terme, par le consulat à vie, jusqu'à l'empire héréditaire; mais là, il n'est plus question de souveraineté du peuple. Cependant, pour rendre au principe un apparent hommage, ces actes sont présentés à l'acceptation des Français.

La charte de 1814 est une charte *octroyée; * c'est assez dire qu'elle est la dénégation radicale de la souveraineté du peuple.

Une dernière fois cette souveraineté est proclamée, dans les jours néfastes de 1815, aux approches de l'ennemi, par la Chambre des représentants de la France, qui veut périr autrement qu'elle n'avait vécu, et qui répète en tombant ces articles de la Convention :

« Tous les pouvoirs émanent du peuple. La souveraineté nationale réside dans l'universalité des citoyens[1]. »

---

nation; elle est là, elle n'est que là, sans pouvoir jamais en être détachée. Il ne faut pas la confondre avec les différents pouvoirs qui en dérivent.

[1] Projet d'acte constitutionnel du 29 juin 1815, art. 1, et Déclaration des droits et protestation de la Chambre des représentants, du 5 juillet suivant, art. 1.

C'est la protestation du droit qui succombe ; c'est le principe immuable jeté comme un présage d'avenir à la force qui triomphe.

La charte de 1830 ne fut que celle de 1814 revisée. Le préambule qui la précédait avait bien comme une faible, comme une timide lueur du principe de la souveraineté populaire : on s'appuyait sur le vœu et sur l'intérêt du peuple français ; mais ce préambule disparut aussitôt dans les éditions officielles, et vous ne l'y avez jamais rencontré.

Une opinion considérée comme libérale sous cette charte, et qui avait eu de la peine à se faire admettre sous celle de 1814, était : que la charte formait un contrat, par lequel les deux parties contractantes se trouvaient liées, de telle sorte que l'une d'elles manquant à ses engagements, l'autre devait être dégagée des siens. Hé bien, cette idée était encore une atteinte à la souveraineté nationale. Un contrat ! deux parties contractantes ! Et quelles sont ces parties ? Le peuple, d'une part ; le prince, de l'autre ; c'est-à-dire un seul homme, une seule famille, à l'égal de la nation ; et celle-ci liée, sans pouvoir souverain, tant que les engagements de l'autre partie seront tenus : évidemment c'était encore la dénégation de la souveraineté du peuple. Et cependant deux fois ce peuple a attendu que les engagements fussent rompus ; deux fois, en 1830 et en 1848, il n'a repris l'exercice de sa souveraineté qu'après que la constitution avait été violée et pervertie.

IV.

Le principe de la souveraineté du peuple étant bien assis, cherchons comment s'exerce, comment se manifeste cette souveraineté.

Est-ce dans le fonctionnement du mécanisme gouvernemental, dans l'action des pouvoirs organisés? Non ; le peuple n'agit ici que par délégation, par commission.

Est-ce dans l'élection des fonctionnaires éligibles et des représentants ? Non ; le peuple ne procède à ces élections que par l'intermédiaire des électeurs ; et si étendu que soit le cercle de ceux-ci, ce n'est pas le peuple, la nation entière.

Est-ce dans la confection des lois ordinaires, dans la création, dans les révisions de la constitution ? est-ce même dans l'acceptation qu'il en fait lorsqu'elle lui est présentée ? Pas davantage ; le peuple n'agit encore ici que par représentants. Ceux qui votent, ceux qui se prononcent, si nombreux qu'ils soient, représentent les femmes, les jeunes gens, les absents, toutes les personnes qui ne votent pas[1].

---

[1] Voilà pourquoi, candidat, en 1846, devant le collége de Toulon, j'adressais une circulaire : « A CEUX QUI SONT ÉLECTEURS ET A CEUX QUI NE LE SONT PAS.

» Les voix qui font la nomination, disais-je, sont bien précieuses ; mais la voix du peuple, qu'en dites-vous ?......... Voyez si les affaires de la France ne les regardent pas (ceux qui ne sont pas électeurs) autant que les autres ! Et pour ne parler que des choses les plus vulgaires, les lois d'impôt et les lois de recrutement ne sont-elles pas votées pour tous ? Contributions d'hommes ou contributions d'argent, directes ou indirectes, inté-

Dans tous ces cas, il n'y a que des pouvoirs délégués, émanés de la souveraineté populaire ; on est toujours forcément, et sans devoir en sortir, dans le régime représentatif [1].

rieures ou extérieures, distingue-t-on, pour les appliquer, s'il s'agit d'un électeur ou d'un non-électeur? Et les dégrèvements, s'il y en a, ne doivent-ils pas profiter à tous? Tous ne sont-ils pas intéressés, par exemple, à ce que le député concoure d'une manière active et déterminante à la réforme sur l'impôt du sel, sur la taxe postale, sur les tarifs douaniers, et sur les charges imposées aux substances alimentaires de première nécessité?

» N'en est-il pas de même des lois civiles, des lois d'administration, des lois de travaux publics? Ne pouvons-nous pas tous, électeurs ou non électeurs, passer sur la grande route, glisser sur le fleuve ou sur le canal, être emportés sur le *railway?*

» Et lorsqu'il s'agit de la force et de la grandeur de la France au dehors, de son rang entre les Puissances, de ses traités et de ses alliances, de l'honneur de son drapeau ou de son pavillon, distinguera-t-on, pour savoir si un Français y est intéressé, distinguera-t-on s'il est électeur ou s'il n'est pas électeur?....» (*Lettres de candidature : A ceux qui sont électeurs et à ceux qui ne le sont pas*, 1846.)

[1] « Si notre régime se nomme *représentatif*, c'est précisément parce que dans l'impossibilité d'agir tous individuellement, nous nous représentons tous les uns aux autres : les électeurs représentent les non-électeurs ; et le député, toute la population, toute la France.....

» ... Le grand vice de notre loi électorale, c'est d'avoir, en restreignant outre mesure le nombre des électeurs, mais surtout en morcelant, en localisant les élections, d'avoir donné la prépondérance à d'étroites et déplorables considérations. » (*Mêmes lettres*, 1846.)

Dieu merci! nous n'aurons plus aujourd'hui à parler seulement à un petit nombre de concitoyens ; nous parlerons au peuple! Et cependant, si nombreuses que soient les assemblées électorales, ce ne sera encore le peuple que par représentants : il est impossible qu'il en soit autrement. Nous serons toujours, même pour les élections, dans le régime représentatif, qui est forcément celui des grandes nations, ou, pour mieux dire, qui est inséparable de la nature humaine. Le devoir de chacun sera donc de ne jamais perdre de vue, dans sa conduite politique, le principe de cette représentation générale des uns aux autres, ni le grand être collectif, l'universalité des citoyens, auquel tout vient, en définitive, aboutir.

Les publicistes ne considèrent généralement, comme fragments détachés

Quand donc la souveraineté nationale intervient-elle, se prononce-t-elle, agit-elle par elle-même? Dans une seule occasion : c'est quand le peupl se lève, comme un seul être qu'il est, comme un homme géant portant des milliers de têtes et de bras au service d'un seul cœur, d'une seule volonté; quand aux cris des

de la souveraineté, que trois pouvoirs : le pouvoir législatif, le pouvoir judiciaire et le pouvoir exécutif. Il y a longtemps que je professe l'existence et la prédominance d'un quatrième pouvoir, le pouvoir électoral, dans tous les degrés où il fonctionne et où il est possible encore de le faire fonctionner. Le gouvernement républicain moderne doit avoir nécessairement pour résultat d'étendre considérablement les cas d'application de ce quatrième pouvoir, et le nombre des citoyens qui doivent y prendre part. Mais ni l'un ni l'autre de ces quatre pouvoirs, ni même tous réunis, ne sont la souveraineté; ils émanent d'elle et viennent s'absorber en elle.

Voici comment j'exprimais quelques-unes de ces idées, sous le régime de 1842, dans une brochure intitulée *Esquisses électorales :*

« Sans doute, c'est un pouvoir que celui de donner les places et les croix d'honneur, et d'encaisser les écus; c'est un pouvoir que celui de juger et de déjuger les procès; c'est un pouvoir que celui de fabriquer les lois et de voter les budgets.

» Mais de fabriquer les fabricants de lois, de voter les voteurs de budgets, n'est-ce pas un pouvoir aussi, je vous le demande, et un pouvoir bien distinct des trois autres? Car, hélas! pour ceux qui l'exercent, une fois le moment de souveraineté passé, il ne s'agira pas d'encaisser, mais de débourser; pas de juger, mais d'être jugés; pas de faire la loi, mais de la recevoir.

» Mettez donc, mettez sur votre liste, messieurs les publicistes, un quatrième pouvoir, s'il vous plaît : le pouvoir électoral.

» Et ne le mettez pas à la queue, humblement, honteusement, comme le villageois convié en un festin, qui n'ose pas s'approcher de la table et qui se tient sur sa chaise à un mètre de distance. Mettez-le, s'il vous plaît, à la place d'honneur, en première ligne, avant les trois autres; car c'est devant lui que tout vient, en définitive, se résoudre, se terminer; c'est par lui que le dernier mot se prononce; et si tous les autres paraissent placés au-dessus de lui, c'est parce qu'il les soutient tous.

» La flèche de l'édifice s'élève dans l'air, elle est dorée, elle reçoit les rayons du soleil, elle resplendit. Mais cette base majestueuse, ces larges et fortes assises qui pénètrent dans la profondeur du sol et sans lesquelles tout s'écroulerait? Qu'en dites-vous? » (*Esquisses électorales*, 1842.)

hommes dans les rues, se mêlent, des fenêtres, des lucarnes et des toitures les cris ou les vœux des mères, des filles, de tout ce qui a une parole, de tout ce qui est un être humain ; quand les combattants trouvent tout armés, dans leurs rangs, des femmes et des adolescents ; quand l'enfant tressaille aux bras et tressaille au sein de sa mère ; quand l'air qui court porte d'une ville à l'autre, d'une campagne à l'autre, le même désir, le même vouloir, le même arrêt. Voilà les moments terribles et magnanimes, voilà les formes subites et saisissantes dans lesquelles le peuple, cet être universel, exerce lui-même sa souveraineté ! Après quoi, il rentre dans son repos, laissant à ses délégués, à ses organes réguliers, le soin de pourvoir au cours ordinaire de sa vie.

Les votes par écrit, sur cahiers, sur bulletins, qui viennent après, ne sont, à vrai dire, qu'une procédure, qu'un acte de constatation graphique de la volonté populaire exprimée déjà par les faits. Il importe toutefois que cette procédure écrite soit loyale, sincère, libre pour chacun. Et soyez certains que si la souveraineté du peuple a véritablement parlé par les faits, la procédure ne lui donnera pas un démenti.

Mais quoi ! si tout ce que nous venons de dire est vrai, n'y a-t il pas sujet de s'alarmer ? La souveraineté du peuple serait-elle donc le droit de ne tenir à rien de stable ? d'élever au nom de la nation un gouvernement et de le renverser ? de faire une constitution et de la défaire ? Suffira-t-il de promener par les quais, par les places, à l'entour des monuments où siégent les au-

torités, des piques, des baïonnettes, des mousquets,
pour qu'il y ait chaque jour droit de destruction sur ce
qui a été fait la veille? Nous faudra-t-il donc ainsi user
la vie et la prospérité publiques en de perpétuelles os-
cillations? Non, Messieurs! dites hardiment que non!
(Vifs applaudissements.) Tout un peuple ne se meut
pas, ne change pas de volonté et de résolution de minute en minute, comme un enfant. Ses minutes à lui
sont des années et encore des années ; patient, parce
qu'il est fort, comme tous les êtres géants il faut qu'il
ait été longtemps aiguillonné, poussé à bout, pour qu'il
se lève ; la constitution véritablement assise sur sa volonté est assise pour longtemps ; le principe de la souveraineté du peuple, fidèlement observé, est un principe de force et de fixité.

V.

Comptons maintenant nos progrès sur ce point.

Durant tout le cours du dix-huitième siècle, dans ces
déclarations de l'Amérique ou de la France que je
vous ai citées, l'agrégation dont se forme le peuple
n'apparaît que comme le résultat d'un contrat social,
d'une association volontaire : comme si les hommes
étaient libres de vivre ou de ne pas vivre en société !
On appelle état de nature, l'état le plus incompatible
avec la nature humaine, l'état d'isolement ; et c'est
sur cette base d'un contrat supposé que paraît reposer,
dans ces temps, la souveraineté du peuple. — Pour
nous, nous disons que l'association humaine est une association forcée, la loi même, la loi inévitable de la

création. L'homme, hors de la société de ses semblables, n'aurait ni intelligence ni parole; il cesserait pour ainsi dire d'être homme. C'est donc sur une loi immuable de la nature humaine, c'est comme vérité primordiale, que nous asseyons le principe de la souveraineté du peuple.

Au dix-huitième siècle, on a vu, à la suite des premières luttes pour la conquête de ce principe, des réactions violentes, passionnées, vindicatives, sanguinaires. Aujourd'hui, deux fois, une lutte de quelques jours, clémente même dans le combat, et faisant place à l'ordre, à la concorde, du moment que le but est atteint.

Au dix-huitième siècle, l'article 27 de la Déclaration de 1793 est ainsi conçu : « Que tout individu qui usurperait les droits de la souveraineté soit à l'instant mis à mort par les hommes libres. » — Et nous, aujourd'hui, nous proclamons comme une des premières lois de notre République, l'abolition de la peine de mort en matière politique. (Applaudissements.)

Enfin, au dix-huitième siècle, des perturbations, des bouleversements, des enfantements successifs qui se détruisent les uns les autres. Aujourd'hui, le désir général du bien, et de la fixité, de la permanence dans ce bien !

LEÇON III.

(Jeudi, 2 mars.)

RESPECT DU DROIT. — LIBERTÉ. — ÉGALITÉ.

Nous avons posé comme dominant toutes ces études, la plus grande vérité du droit public, la souveraineté du peuple. En fait d'institutions sociales, c'est la source de tout, tout découle de là : il s'agit d'en déduire les conséquences et de les réaliser.

Aujourd'hui nous traiterons du respect du droit dans le Gouvernement républicain moderne, et de ses deux premiers principes : LIBERTÉ, ÉGALITÉ.

I.

Du moment qu'un homme est en relation avec un autre, votre raison aperçoit entre eux certaines nécessités d'actions ou d'inactions rigoureusement exigibles. Si l'un d'eux refuse de s'y soumettre ou travaille à s'y soustraire, votre raison souffre ; vous désirez qu'une force supérieure intervienne et l'y contraigne. L'ensemble de ces nécessités, c'est le droit ; cette force supérieure, c'est le pouvoir public, la réunion des forces communes.

De pareilles situations se rencontrent : de particulier à particulier, d'où le droit privé ; — d'État à particulier et réciproquement, d'où le droit public interne ; — d'État à État, d'où le droit public externe, nommé aussi droit international.

Mais si les forces publiques interviennent en sens inverse de ce que signale la raison du droit ; si elles prêtent main-forte précisément à celui qui veut se soustraire à de semblables nécessités d'actions ou d'inactions, votre raison souffre doublement : elle souffre de l'injustice de cet homme et de l'injuste emploi des forces communes. Elle ne peut se soumettre à un tel fait comme à un droit, car il n'y a pas de droit contre le droit. La souveraineté du peuple elle-même ne peut faire que la vérité morale soit mensonge, ou le mensonge vérité. Le respect du droit est donc une indispensable nécessité sociale.

Tout Gouvernement prétend être un Gouvernement de droit, et travailler à faire régner le droit. Mais c'est le propre des Gouvernements fondés sur la souveraineté du peuple, et par conséquent du Gouvernement républicain, de mieux établir, de mieux observer et de mieux garantir le droit que tous les autres. L'observation, la protection du droit est la tâche essentielle de ce Gouvernement. Ainsi le proclamait déjà en théorie la Convention, dans sa déclaration de 1793, lorsqu'elle disait : « Art. **23.** La garantie sociale consiste

» dans l'action de tous, pour assurer à chacun la jouis-
» sance et la conservation de ses droits : cette garantie
» repose sur la souveraineté nationale. »

Toutefois, nous ne nous contenterons pas d'énoncer la proposition : il faut la démontrer.

Les gouvernements qui sont la dénégation de la souveraineté du peuple, qui ne la reconnaissent ou ne la pratiquent pas, commencent, en cela même, dans leur base fondamentale, par violer le droit : comment donc sortirait-il d'un principe injuste des conséquences justes?

Le plus grand ennemi du droit, c'est l'égoïsme, c'est-à-dire l'individualité exclusive, qui ne voit que soi, ne tient nul compte d'autrui, prend son point de vue à son seul intérêt, et finit même par se faire illusion sur ce qui est juste ou injuste. En effet, le droit de l'un est, toujours et partout, limité par le droit de l'autre : or celui qui ne voit que soi, n'aperçoit plus de limite, ne connaît plus le droit. Qu'il s'agisse d'un roi absolu, lequel dit : « Nous vivons au dessus des lois, affranchi des lois ; » qu'il s'agisse d'un roi constitutionnel, lequel est en apparence soumis à la loi ; ou qu'il s'agisse d'une oligarchie, d'une aristocratie : dans toutes ces formes de Gouvernement il y a toujours existence ou possibilité permanente d'égoïsme, puisqu'il y a toujours un homme, une famille, une caste classés à part, se séparant des autres hommes pour exercer sur eux la puissance. Que parmi ces hommes on en puisse trouver de bons, d'humains, de généreux, de sincèrement libéraux : je ne veux pas le nier; mais ce n'est alors qu'une exception personnelle et passagère, qui ne peut détruire la situation, ni l'existence de certaines individualités séparées du peuple, ni par conséquent la possibilité, la tendance permanente d'égoïsme que renferme cette situation.

La forme seule du Gouvernement républicain repousse toute possibilité pareille; puisque c'est le gouvernement de tous, de l'universalité : l'opposé de l'égoïsme, de l'individualité. Un pareil gouvernement est assis sur une base de droit, la souveraineté du peuple : il en tirera des conséquences de droit. On n'y rencontre pas d'individualité absorbante, qui substitue au droit la puissance, l'intérêt d'un seul ou de quelques-uns; et si les esprits veulent se reporter sur un pouvoir supérieur, commandant à chacun, qui soit le maître de tous, ils ne trouvent pour désigner un pouvoir semblable qu'un mot : LA LOI. Vous en avez un exemple singulier en cette œuvre lyrique, faite sous l'ère monarchique, dans laquelle l'acteur, au milieu d'une narration animée, chantait :

« Le Roi passait et le tambour battait aux champs. »

Après la proclamation de la République, que faire? Que dira-t-on à la place? On dira, Messieurs :

« La LOI passait et le tambour battait aux champs. »

Expédient naïf, qui vous fera sourire peut-être, mais qui n'en contient pas moins une pensée exacte et profonde. (On applaudit.)

Allez aux détails : Pourquoi le Gouvernement républicain est-il en état de mieux établir, de mieux observer, de mieux garantir le droit que les gouvernements d'une autre nature? — Pour le droit privé, de particulier à particulier : il s'agit de chacun de ses membres, l'être collectif, l'être universel n'a pas de favoris, de privilégiés ; tous sont des parties de lui-même. — Pour le droit public interne, c'est encore bien plus sensible ; vous n'avez personne ici qui dise : « L'État, c'est moi, » et qui prétende soumettre le droit à sa volonté. — Enfin, pour le droit international : plus de ces convoitises, de ces susceptibilités, de ces jalousies, de ces offenses, de ces passions individuelles de prince à prince ; plus de ces alliances rompues, faites ou repoussées, toutes causes de violations de droit et de guerres entre les peuples. On a remarqué que sous le régime des monarchies constitutionnelles, la guerre devient de plus en plus rare, parce que sous cette forme de gouvernement sincèrement pratiquée, le peuple intervient déjà pour une part dans le gouvernement des affaires. Mais je ne crains pas de dire que la guerre se trouverait presque impossible entre peuples n'ayant plus que des organes publics émanés d'eux-mêmes, suivant les règles de progrès que la raison et l'expérience nous donnent aujourd'hui ; c'est-à-dire entre Républiques assises sur les principes modernes d'un populaire gouvernement.

Concluons : l'un des premiers instincts, l'une des premières règles de la République moderne, c'est le respect du droit. On a commencé à dire, mais non avec une pleine exactitude, du Gouvernement monarchique constitutionnel, que c'est le Gouvernement de la loi. Qu'on puisse le dire sans restriction, sans falsification, sans intermittence, du Gouvernement républicain moderne! Voilà pourquoi nul citoyen, dans un tel Gouvernement, ne doit rester étranger à de certaines notions sur le droit; voilà pourquoi, vous, Messieurs, qui en faites ici une étude spéciale, vous ferez tourner un jour au bien de la République les connaissances que vous y aurez acquises.

II.

Arrivons maintenant aux deux principes de notre République : LIBERTÉ, ÉGALITÉ. Montrons que ce sont là deux créations du droit, qui n'existent que par le droit et dans le droit.

Mirabeau commençait ainsi, en 1789, son projet de déclaration des droits de l'homme : « Article 1er. Tous les hommes naissent égaux et libres. » — Lafayette commençait le sien à peu près dans les mêmes termes : « La nature a fait les hommes libres et égaux. »

Hélas! Messieurs, ceci n'est point vrai! Dans la nature tout est inégalité; dans l'ordre physique et dans l'ordre intellectuel, d'homme à homme et de peuple à peuple, chacun a ses aptitudes, ses dons, ses disgrâces; force, adresse, courage, intelligence, génie, inspiration, affaiblissement, absence partielle ou totale de l'une ou de l'autre de ces qualités, ou de plusieurs, ou de toutes : que de lots différents! Tous les hommes naissent inégaux.

Ces inégalités engendrent les sujétions, les asservissements, les dominations, d'homme à homme, de peuple à peuple. Voyez les temps antiques, voyez l'Europe au moyen âge, voyez les sociétés grossières et incivilisées qu'explore encore aujourd'hui le navigateur : partout, d'homme à homme, de peuple à peuple, vous trouvez le faible soumis au fort ; et cela s'appelle, par dérision, le droit du plus fort ! La servitude commence même par les plus proches, par ceux que le dominateur a sous sa main ; par la femme, par les enfants.

Le principe de l'égalité et de la liberté naturelles a été, dans les mains du dix-huitième siècle, une arme dont il s'est heureusement servi pour démolir la société d'alors. Mais nous, venons-en à la vérité ! elle nous conduira plus sûrement et plus loin. Disons donc, pour être d'accord avec cette vérité : Tous les hommes naissent inégaux ; partout les hommes, en conséquence de ces inégalités natives, ont été asservis les uns aux autres : et ceci a eu lieu d'homme à homme, de peuple à peuple.

Mais si les choses sont ainsi, où donc est l'égalité ? où donc est la liberté ? Les Voici, Messieurs, les voici qui vont apparaître ! A mesure que la raison humaine s'éclaire, qu'elle pénètre dans l'idée morale, qu'elle recherche, découvre et démontre les actes dont l'homme doit s'abstenir et ceux qu'il doit faire, la liberté, l'égalité, comme deux vérités immatérielles, comme deux vérités de droit, se dégagent ; c'est le droit qui survient et qui les donne au monde contrairement aux faits matériels. C'est lui qui nous fait dire d'homme à

homme, de peuple à peuple : « Tous les hommes
sont libres de par le droit ; tous les hommes sont égaux
sous le rapport du droit. » Voilà pourquoi le droit lui-
même s'appelle *æquum*, l'équité, l'égalité! (Applaudissements.)

Voyez, en cette matière, la progression des évè-
nements et de l'esprit humain. Voyez, pour la liberté,
la décroissance de la domination : aux temps antiques,
les femmes, les enfants asservis au chef, les esclaves,
puis les colons ; au moyen âge, le serf, l'homme de
poote (homme sous le pouvoir du seigneur), le vassal ;
sous la monarchie, le sujet. Il faut arriver à la république de l'ère moderne, à la république que nous
proclamons et que nous réaliserons, pour que toutes
ces avilissantes variétés de la servitude soient effacées
et que vous n'ayiez plus, à la place, que des citoyens
et la liberté [1].

De même pour l'inégalité : aux temps antiques, les
patriciens, les plébéiens, les affranchis, les esclaves ;
à la fin de l'empire, les *nobilissimi*, les *illustres*, les
spectabiles; au moyen âge et aux temps actuels encore, sur plus d'un point, les nobles, les bourgeois,
les vilains, tout cet inextricable tissu de corporations
et d'inégalités ; enfin, sous la monarchie constitu-

---

[1] Le Gouvernement provisoire de la République, considérant que nulle
terre française ne peut plus porter d'esclaves,

Décrète :

Une commission est instituée auprès du ministre provisoire de la marine
et des colonies, pour préparer dans le plus bref délai l'acte d'émancipation
immédiate dans toutes les colonies de la République, etc. (Décret du 4
mars 1848.)

tio nelle, malgré l'apparence d'une égalité proclamée en droit, toute une grande partie de la nation, sous le nom d'ouvriers, de prolétaires, laissée à l'écart. Il faut encore arriver à la République moderne, à la République dont nous donnons le signal, pour effacer ces traces dernières, et constituer le peuple dans son unité.

La liberté, Messieurs, est une vieille idée; l'histoire des temps anciens en est pleine; mais l'égalité est une idée moderne; c'est nous qui l'avons apportée au monde en 1789, et, tôt ou tard, elle en doit faire le tour! (Vifs applaudissements.)

Les deux premiers principes républicains, LIBERTÉ, ÉGALITÉ, j'avais donc raison de vous le dire, sont fondés sur le droit, ou pour mieux dire ne découlent que du droit, ne sont que des enfantements du droit.

III.

Parlons maintenant en particulier de la liberté.

La liberté est l'indépendance de toute puissance autre que celle du droit.

Mirabeau, dans son projet de déclaration, en 1789, la définissait ainsi : « La liberté du citoyen consiste à » n'être soumis qu'à la loi, à n'être tenu d'obéir qu'à » l'autorité établie par la loi, à pouvoir faire sans » crainte de punition tout usage de ses facultés qui » n'est pas défendu par la loi, et par conséquent à ré- » sister à l'oppression. » Définition incomplète, dange-reuse, qui livrait la liberté à la merci de la loi; car il ne suffit pas pour être libre que vous n'ayiez d'autre entrave que la loi. Il est des actes qu'aucune loi, chez un peuple libre, ne peut défendre ni ordonner. Si la loi est tyrannique, vous n'êtes pas libre, vous êtes sous la tyrannie de la loi, sous la tyrannie de ceux qui l'ont faite ou qui la font exécuter.

La Constituante était plus près de la vérité, lorsque, dans sa déclaration de 1791, elle en donnait cette définition : « Art. 4. La liberté consiste à pouvoir faire » tout ce qui ne nuit pas à autrui. » Mais en s'arrêtant uniquement à l'idée de ce qui est ou n'est pas nuisible, c'est-à-dire en n'assignant pour limite à la liberté que l'utile, l'intérêt, au lieu du droit, la Constituante se méprenait encore[1]. Elle ajoutait dans l'article suivant, l'article 5 : « La loi n'a le droit de défendre que les » actions nuisibles à la société. Tout ce qui n'est pas » défendu par la loi ne peut être empêché, et nul ne » peut être contraint à faire ce qu'elle n'ordonne pas. »

Enfin, la Convention, en faisant intervenir, à la place de la seule idée d'intérêt, l'idée de droit : « La liberté » est le pouvoir qui appartient à l'homme de faire » tout ce qui ne nuit pas aux droits d'autrui, » rectifia la définition[2]; que nous avons généralisée et simplifiée à notre tour en disant : « La liberté est l'indépen-

---

[1] L'inexactitude était plutôt dans l'expression que dans la pensée, car l'article 4, dans son entier, était ainsi conçu : « La liberté consiste à pouvoir faire tout ce qui ne nuit pas à autrui; ainsi, l'exercice des droits naturels de chaque homme n'a de bornes que celles qui assurent aux autres membres de la société la jouissance de ces mêmes droits. Ces bornes ne peuvent être déterminées que par la loi. »

[2] « La liberté est le pouvoir qui appartient à l'homme de faire tout ce qui ne nuit pas aux droits d'autrui : elle a pour principe, la nature; pour règle,

» dance de toute puissance autre que celle du droit. »
Il n'est pas besoin d'ajouter que par droit, nous en-
tendons le droit rationnel, le droit-vérité, et non le
droit positif, qui peut, trop facilement par malheur,
s'en écarter.

Les libertés que la loi nous paraît devoir respecter,
auxquelles elle doit s'abstenir de porter atteinte, peuvent se diviser en deux classes : — les libertés individuelles, telles que celles de la pensée, de la parole, de
la croyance religieuse, de la locomotion et de l'activité, renfermées dans le cercle de la vie privée ; —
et les libertés publiques, telles que la manifestation
publique de la pensée par des paroles ; par des écrits ou
par des imprimés adressés au public ; la manifestation
publique de la croyance par des cérémonies extérieures
de culte ; les réunions dans les lieux privés ou publics ;
enfin l'association qui contient quelque chose de plus
énergique que la réunion, parce qu'il y a un lien entre
les associés, une mise en commun de forces et de
moyens ; et qui, par cette raison, ne peut pas être indéfinie. Toutes ces libertés privées ou publiques doivent
être consacrées par la loi. Mais il y a, en matière d'association, un cas pour lequel l'approbation législative
est indispensable, c'est celui où il s'agit d'ériger une
association en personne civile, pouvant jouer le rôle
d'une personne, être propriétaire, créancière ou débi-
trice ; parce qu'ici, il y a une véritable création de la loi.

la justice ; pour sauvegarde, la loi ; sa limite morale est dans cette maxime :
Ne fais pas à un autre ce que tu ne veux pas qu'il te soit fait. »
(Déclaration de 1793, art. 5.)

« La nécessité d'énoncer ces droits, disait la Con-
» vention (Déclaration de 1793 , art. 7), suppose ou la
» présence ou le souvenir récent du despotisme. »

Cette remarque est vraie , mais la loi ne doit pas se
borner à énoncer les libertés privées ou publiques ; elle
doit encore décréter les moyens de garantie qui pro-
tégeront et maintiendront l'exercice de ces libertés
contre les obstacles de fait qu'on voudrait y apporter.
Aussi dirons-nous, avec la déclaration de la Caroline
septentrionale, de 1776 : « Tout homme libre qui
» éprouve un obstacle à l'exercice de sa liberté, a droit
» d'obtenir une réparation , de s'informer de la légi-
» timité de l'obstacle qu'il éprouve , de l'écarter s'il
» est illégitime , et une pareille réparation ne doit être
» ni différée ni refusée. »

Au premier abord, lorsque, après un certain temps
de compression , chacun entre dans l'exercice des libertés que nous venons d'énumérer, et surtout des libertés publiques, quelques personnes de bonne foi peuvent être portées à s'en effrayer. Ceux qui voient en
des mains inexpérimentées le premier maniement des
armes, sont en appréhension ; ceux qui, pour la première fois, s'y aventurent, peuvent susciter quelques
doutes, on peut craindre qu'ils ne se blessent ou
ne blessent les autres. Mais laissez se prolonger l'usage,
laissez venir l'expérience, et tous vos sujets d'alarmes
s'évanouiront. Faut-il faire des hommes comme de ces
enfants étiolés, que l'on affaiblit, que l'on effémine,
que l'on rend malhabiles et craintifs, parce qu'on les

enferme et qu'on les gêne dans leur activité, par surcroît de précautions !

Le premier mouvement de l'autorité est trop souvent de vouloir prévenir en prohibant, ou du moins en soumettant l'usage des libertés à des conditions peu abordables, ce qui est une prohibition indirecte. Il y a des abus possibles dans telles libertés : vite, qu'on supprime ces libertés, pour que les abus ne soient plus possibles. Combien de fois, même en dehors de la politique, n'en avons-nous pas vu agir ainsi ! Laissez, laissez faire, laissez venir l'expérience, et le danger disparaîtra. Le triple office de l'administration est celui-ci : protéger l'exercice régulier de la liberté; veiller sur les abus possibles ; et, au besoin, punir, s'il y a acte punissable.

Il est dans la nature même de tous les gouvernements autres que celui d'une République, d'être portés à l'effroi, à l'appréhension, et d'avoir pour tendance, de prévenir en prohibant. Parce que tous ces gouvernements ont un pouvoir séparé du peuple, posé en face du peuple comme une sorte d'ennemi. Ils sont méfiants, prêts à la lutte, et cherchant à se faire à l'avance contre le peuple un instrument des fonctionnaires et des soldats. Le Gouvernement républicain, au contraire, étant le Gouvernement du peuple même, le Gouvernement de l'universalité, doit respecter, doit garantir ces libertés. Une fois assis sur l'assentiment général, que craindrait-il ? Il peut se fier tranquillement à l'usage qui en sera fait, à l'expérience qui y sera acquise, pour en faire disparaître graduellement tout le péril et n'en plus laisser que les avantages.

Si nous comptons aujourd'hui les progrès faits chez nous en cette voie, nous reconnaîtrons qu'ils sont considérables dans les esprits. Nous avons pleinement l'habitude pratique des libertés privées : il ne serait presque plus nécessaire chez nous de les énoncer.

En ce qui touche les libertés publiques, nous sommes moins avancés. La tolérance des opinions politiques, la liberté de discussion dans la presse ou à la tribune (sauf quelques destitutions de fonctionnaires opposants) sont entrées dans nos mœurs. Nous avons des sentiments d'estime, nous avons des amitiés chaleureuses, pour des hommes qui pensent, qui agissent tout autrement que nous et que nous combattons énergiquement dans la sphère politique. Des autres libertés, les unes, comme celle de la presse, ont longtemps été mises en question, et, par cela même, elles nous sont plus chères. Les autres, comme celle d'association, ont été rigoureusement interdites ; quelques-unes, comme celles des cultes et de réunion, étaient contestées. La République de 1848 nous fait entrer dans la voie où toutes ces libertés, tant publiques que privées, seront paisiblement et régulièrement en exercice.

Mais il faut que ce soient de véritables libertés : non pour une opinion, mais pour toutes ; non pour un parti, mais pour tous. Il est des temps où l'on a vu de prétendus Gouvernements républicains, violents et oppresseurs ; où l'on a pu dire à un homme : Crie vive la liberté ou je t'assomme. Il n'y avait pas là une République; sous ce titre, ce n'était que l'oppression d'un ou de quelques-uns.

Aujourd'hui, nulle gêne, nulle contrainte aux actes légitimes et aux opinions; nul cri, nul costume, nulles couleurs, nul signe ou symbole imposés à qui que ce soit. Vous avez bien rencontré par les rues quelques marchands ou quelques marchandes vous pressant un moment pour vous faire acheter leur ruban ou leur cocarde tricolores (on rit), il vous sera arrivé même d'en acheter aux uns et aux autres plus d'une fois dans la même journée, pour leur faire gagner un léger bénéfice; mais si vous avez refusé, personne n'a plus insisté; et vous avez été laissé à toute votre liberté. Admirable peuple! admirable éducation! Que craindrions-nous avec lui? Mettons-nous à pratiquer pacifiquement les libertés publiques; sachons nous garder nous-mêmes de l'abus, de l'excès; et, comme l'a dit avec tant d'exactitude, en quatre mots, l'un des membres du Gouvernement provisoire, ayons aujourd'hui l'ORDRE DANS LA LIBERTÉ! (Vifs applaudissements.)

IV.

Nous avons vu que dans l'ordre des faits, physiques ou intellectuels, tout est inégalité. Ce n'est que dans l'ordre du droit qu'arrive l'égalité. Mais que signifient ces mots : égalité de droit? Ils signifient que tout homme, faible ou fort, pauvre ou riche soit d'intelligence, soit de fortune, a un droit égal à ces trois choses, qui font la destinée humaine : sa conservation, son bien-être, le développement et le perfectionnement de soi-même. Nul, quelles que soient ses facultés, sa situation de fait, ne saurait avoir, sur l'un ou l'autre de ces trois points, plus ou moins de droit qu'un autre. C'est dans cet esprit que doivent être formées les institutions sociales, jusque dans leurs détails.

L'ancien système des institutions a procédé en sens inverse : il a joint aux inégalités de fait les inégalités de droit. Les constitutions américaines, en 1776, proclamèrent législativement l'égalité de droit. La Constituante, en 1791, la fonda en Europe. La Convention, en 1795, la définit en ces termes : « L'égalité consiste » en ce que la loi est la même pour tous, soit qu'elle » protége, soit qu'elle punisse. L'égalité n'admet aucune » distinction de naissance, aucune hérédité de pouvoirs;» définition insuffisante, aujourd'hui que la science a fait d'autres progrès, parce qu'elle est trop matérialisée dans le seul fait de la loi positive, de l'égalité passive de cette loi, sans indiquer la nécessité pour la législation de prendre un rôle plus actif, et de concourir efficacement, par ses dispositions, à donner de la réalité à cette égalité de droit. L'Empire, qui opprima la liberté, respecta davantage et répandit le sentiment d'égalité, quoiqu'il ait fini par y porter quelques atteintes. La Charte de 1814 en fit passer le principe dans ses articles, quoiqu'elle reconstituât la noblesse à titre purement honorifique, et l'hérédité de la pairie à titre de droit politique. La Charte de 1830 supprima ce dernier point, mais conserva le système.

L'inégalité, abstraction faite des hommes, en ne

considérant que les institutions mêmes, est le propre inévitable de tout gouvernement autre que le gouvernement républicain moderne. S'agit-il d'un gouvernement aristocratique, l'inégalité est dans la classe à part des familles dominantes; s'agit-il du gouvernement monarchique, soit absolu, soit constitutionnel, l'inégalité est au moins dans la classe à part d'une dynastie, sans compter les autres inégalités, dans lesquelles cette dynastie est portée fatalement à se chercher, à se créer des appuis. Il faut arriver à la forme républicaine moderne, au gouvernement de l'universalité, pour voir disparaître toute classification. Ainsi le principe de la république moderne est l'égalité; le principe de tous les autres gouvernements, quels qu'ils soient, est l'inégalité, plus ou moins restreinte, mais toujours l'inégalité.

L'inégalité se présente dans l'état social sous des faces diverses : inégalités de race, inégalités de vanité, inégalités de fortune, jusqu'à l'inégalité de territoires.

Sous la monarchie qui vient de finir, nous avions ces quatre inégalités : celle de race et de priviléges personnels, celle de vanité (art. 62 et 63 de la Charte), celle de territoires, mais surtout celle de fortune.

En effet, la cote des impôts était la cote des droits et des influences politiques. La contribution, telle était notre mesure, système décimal : à tel taux, à tel autre, ou à tel autre on était électeur ou éligible, membre du conseil municipal, du conseil d'arrondissement, du conseil général, de la Chambre des députés, ou même de la Chambre des pairs, avec les croix et les rubans venus à la suite. Il est vrai qu'à cela on répondait : « Gagnez de l'argent ! la porte est ouverte à tous ; c'est l'argent qui fait les échelons [1]. »

Quant aux inégalités de priviléges personnels, elles existaient : chez les princes, appelés à la Chambre des pairs par droit de naissance (art. 26 de la Charte) ; et je vous les ai signalées aussi, dans le cours de notre enseignement, chez les pairs, investis d'un privilége exorbitant de juridiction et par suite de pénalité, non-seulement pour les actes de leurs fonctions, mais même pour tous les actes de leur vie privée (art. 29).

Quant aux inégalités de territoires, elles se glis-

---

[1] C'est ce que j'écrivais en 1846, en ces termes :

« Ce n'est plus l'esprit de caste, c'est maintenant l'économie politique qui nous classe, qui nous divise et nous subdivise.

» Nous ne sommes plus des nobles, des bourgeois ou des vilains : nous sommes des producteurs ou des consommateurs, des entrepreneurs ou des ouvriers, des vendeurs ou des acheteurs, des administrateurs de compagnies financières ou des actionnaires, surtout des capitalistes ou des non-capitalistes, des propriétaires ou des non-propriétaires. C'est l'argent, et non plus l'origine, qui fait les échelons. La vanité a passé des parchemins dans la bourse ; en fait de parchemins, parlez-moi de ceux qui forment titre de bonne et belle propriété !

» Cet esprit se retrouve dans notre législation et dans nos institutions constitutionnelles. La cote des impôts est la cote des droits et des influences politiques, etc.... »

Et pour signaler les effets désastreux d'un tel régime législatif, j'ajoutais : « Je sais que si les institutions mesurent les droits et les influences politiques au poids de la fortune, elles augmentent chez tous cette soif de s'enrichir déjà si commune aujourd'hui ; elles en font le mobile légal, le caractère de *la société légale ;* elles tendent à en faire celui de toute la nation, à la place du caractère qui nous était propre et qui était si généreux ; elles humilient les intelligences, altèrent ou laissent de côté la moralité, et matérialisent les appétits. » (*Préface des Mystères de la Providence,* p. xiv et xvi, 1846.)

saient déjà en matières d'impôts douaniers et de conditions commerciales, divisant, fractionnant la sur-
face ou les frontières du pays, menaçant de nous faire
bientôt, si nous n'y prenions garde, une carte de
France coupée de lignes et de zones d'inégalités.

Car, Messieurs, voici une vérité fatale, démontrée
par la raison et par l'expérience des faits : toujours
l'inégalité engendre l'inégalité ; les priviléges engendrent les priviléges. L'état d'inégalité, introduit
dans le droit, est un état de guerre : chacun veut se
défendre contre les inégalités qui lui nuisent, par des
inégalités qui le protégent. (On applaudit.)

Le Gouvernement républicain, tel que nous le con-
cevons aujourd'hui, repousse et doit nécessairement
faire disparaître l'idée de toute inégalité de droit, soit
quant aux personnes, soit quant au territoire.

Si des institutions nous passons aux mœurs, nous
verrons que, malgré cette tendance résurrectionnelle
d'inégalités, à laquelle s'abandonnait le Gouvernement, le sentiment des masses, l'instinct français,
était celui de l'égalité, et que nos mœurs ont fait les
plus grands progrès sur ce point.

Il y a quelques années, j'arrivais à Paris, de retour
d'un voyage. Nous étions dans la cour des message-
ries. Les voyageurs descendus tous, la bâche détachée,
les facteurs occupés à décharger l'impériale d'une
montagne de ballots, lorsque l'un d'eux, de sa voix
ordinaire, se met à dire : « En voici encore un —
fragile ! » Et, en même temps, il faisait glisser comme
un colis le long de l'échelle, en le soutenant par les

deux aisselles, un pauvre petit Auvergnat que la charité du conducteur avait remisé parmi les paquets, et
qui faisait sa première descente sur le pavé de Paris,
sans bas, sans chemise, portant une moitié de pantalon
tenu par un bout de ficelle sur l'une de ses épaules.—
« Il deviendra peut-être un Laffitte ! » s'écria l'un des
spectateurs, comme lorsqu'on disait à chaque soldat :
« Marche, tu as le bâton de maréchal de France dans
ton sac. »

Ceci nous montre le sentiment public de l'égalité.
Mais, hélas! malgré cette prédiction, combien d'ouvriers qui resteront toujours de pauvres ouvriers! combien de soldats qui ne sortiront jamais de leur rang!
Au lieu de leurrer l'imagination par l'espoir d'un avenir extraordinaire, mais sans détruire toutefois ce but
lointain et presque fantastique, conduisons les institutions dans la réalité commune, amenons-les à faire
un bien toujours possible, toujours progressif, dans
cette réalité.

La révolution de 1789 a été une révolution sociale :
elle a détruit définitivement, comme institution politique, la noblesse et l'a confondue avec le tiers état.
Les révolutions de 1815 et de 1830, avec la pratique,
avec les discussions, avec les résistances de trente-
deux ans survenus depuis, ont façonné nos mœurs au
régime constitutionnel, ont porté les idées en avant de
ce régime, fait progresser les esprits, et mûri chaque
jour la nation, sans dessein prémédité, pour une forme
plus populaire de gouvernement. La révolution de 1848
vient de faire surgir au niveau social la dernière par-

tie du peuple oubliée, celle qu'on appelle impropre-
ment les ouvriers, la classe laborieuse. Ceci est véritablement leur avénement. Depuis longtemps, nous
préparions par les écrits cet avénement, et la poésie
elle-même, en les inspirant, était venue y aider. Les
mœurs y étaient disposées, mais pas encore faites ;
quelques esprits en sont, pour le moment, comme in-
certains, comme étourdis. Mais, il ne faut pas s'y
méprendre, c'est là le fait capital de notre révolution.
Il faut en prendre résolument son parti, et diriger les
institutions vers ce but : la réalisation sincère, efficace, de l'égalité de droit.

Ce qui ne veut pas dire qu'on doive méconnaître
toutes les lois d'aptitudes, de qualités et de capacités
diverses ; qu'on doive effacer, dans le régime républicain moderne, les mots de hiérarchie, de déférence,
de respect. Au contraire ! Mais ce qui veut dire que les
institutions, ainsi que les mœurs, doivent ouvrir véritablement la voie à toutes ces aptitudes ; qu'elles doivent diriger cette déférence, ce respect sur tous les
points où ils doivent aller, et ne pas les laisser fausser,
en s'égarant, la notion du bien et du digne.

Ce que je voulais démontrer relativement au droit
est démontré : le gouvernement républicain moderne
doit être assis sur le respect du droit, et ses deux premiers principes, LIBERTÉ, ÉGALITÉ, ne sont que des
principes de droit.

LEÇON IV.

(Mardi, 7 mars.)

MORALE. — FRATERNITÉ.

Je passe à un autre ordre de considérations, celles
sur la morale.

I.

Voici un axiome que vous pouvez tenir, Messieurs,
pour certain : « Les violations de droit dans la base
du Gouvernement, poussent inévitablement aux violations de la morale dans le jeu des organes publics
et finalement chez les individus. »

Vous savez que Montesquieu a donné pour principe,
au Gouvernement démocratique, la vertu ; au Gouvernement monarchique, l'honneur, qu'il a bien soin
de définir : le préjugé de distinction et de préférences
dans chaque condition [1] ; enfin, au Gouvernement des-
potique, la crainte [2].

---

[1] « L'honneur, c'est-à-dire le préjugé de chaque personne et de chaque
condition. » — « La nature de l'honneur est de demander des préférences et
des distinctions. » (*Esprit des lois*, liv. III, ch. 6 et 7.)

[2] *Esprit des lois*, liv. III, des principes des trois gouvernements.

Le paradoxe de Montesquieu consiste à paraître vouloir donner pour principe bon à suivre, dans l'établissement même des institutions, ce qui n'est malheureusement, dans les deux derniers cas, qu'une mauvaise conséquence de ces institutions.

Il va même, et nous ne le suivrons pas aussi loin, il va jusqu'à dire : « Dans les monarchies bien réglées, » on trouvera rarement quelqu'un qui soit homme de » bien [1]. »

Voyons, non pas sur parole, mais par l'analyse, pourquoi hors des bases du Gouvernement républicain moderne, toutes les formes de Gouvernement sont, fatalement, plus ou moins défavorables à la moralité.

Le défaut de liberté engendre chez le dominateur l'orgueil, la dureté, la faveur capricieuse, l'arbitraire ; chez le dominé, l'abaissement, le servilisme, l'obséquiosité, la flatterie, ou la haine longtemps couvée et les projets de vengeance.

Le défaut d'égalité engendre chez tous la soif des inégalités privilégiées, et l'envie des uns aux autres ; s'agit-il de l'inégalité de race, c'est l'estime ou le dédain des hommes suivant la qualité du sang, l'ambition des alliances, la fausse honte ou le faux ridicule des mésalliances ; c'est la gentilhommerie de fabrique, le renoncement au nom de ses pères ; ce sont les noms estropiés ou inventés, les blasons improvisés, dont on fait parade et dont on change suivant les cas, comme le serpent qui fait peau neuve aux diverses

---

[1] *L'esprit des lois*, liv. III, ch. 6.

saisons ; toutes fraudes, toutes manies qui vont en se multipliant, à mesure que la loi les dédaigne et ne prend plus la peine de les punir, tandis que l'esprit du Gouvernement continue d'attacher du prix à ces vanités. S'agit-il d'inégalités honorifiques, que de bassesses pour faire croire, par un signe, qu'on s'élève au-dessus des autres ! S'agit-il d'inégalités de fortune, la cupidité, la soif de l'or, déjà si naturelle, est excitée ; les vices publics pour la satisfaire naissent ; l'estime du talent et des vertus dans la pauvreté s'en va ; la générosité est absorbée et se détruit.

Les aristocraties, les monarchies absolues ont eu leurs vices, conséquences de leurs institutions. La monarchie constitutionnelle, système mélangé de royauté et d'intervention d'une certaine société *légale*, a eu les siens, créations nouvelles ou tranformations de ceux d'autrefois.

L'esprit de cour y reste ; dire la France et le roi, au lieu de le roi et la France, c'est être révolutionnaire. Vous connaissez le portrait des courtisans tracé par Montesquieu : « L'ambition dans l'oisiveté, la bassesse dans l'orgueil, le désir de s'enrichir sans travail, la trahison, l'abandon de tous les engagements [1]. » Sous la monarchie constitutionnelle, ces traits se modifient un peu, mais ils se répandent ; plus de personnes sont reçues chez le roi, parlent d'affaires publiques avec le roi ; la race des courtisans se généralise.

C'est un gouvernement de majorité ; d'où cette rè-

_____
[1] *Esprit des lois*, liv. III. ch. 5.

gle de conduite : « Tout faire pour avoir la majorité,
tout licite du moment qu'on l'a ; » et cela, à trois degrés : le ministre, pour avoir la majorité dans les
Chambres ; le député, pour avoir la majorité dans le
collége ; l'électeur, pour être avec la majorité et en
tirer le profit qui en revient. Réussir, c'est être habile ;
ne pas réussir, c'est être niais ; la légitimité du succès
est omnipotente ; et si vous parlez d'honneur, de probité, de convictions, quelqu'un, passant confiden-
tiellement son bras sur vos épaules, et se penchant
vers vous comme avec compassion, vous dira : « Que
vous êtes enfant ! » (Sensation.)

Mais comme, pour prendre part à toutes ces belles
choses, il faut de la fortune, la tension des désirs et
des actions est toute vers ce but ; les intérêts matériels
dominent ;

Et comme la fortune ne s'acquiert honorablement
que par le travail, qu'il faut au travail du temps, que
le procédé en est long et pénible, on arrive à d'autres
procédés : les chances fiévreuses des jeux publics, le
partage, le patronage intéressé des spéculations se
succèdent, et vous voyez jusqu'à l'épée, jusqu'aux
épaulettes des hommes de guerre et des hommes de
mer se ternir dans cet entraînement général ;

Et comme, dans tout cela, on se rend des services
politiques ou individuels : l'électeur au député, le député au ministre : service pour service ; chacun finit
par dire naturellement, ostensiblement : « Que m'en
reviendra-t-il ? » Les votes politiques, d'une part,
les fonctions de l'État, de l'autre, sont des monnaies

qui s'échangent ; les emplois ne se donnent plus que sous l'influence parlementaire [1].

Et comme en prenant le monde en détail, par petites fractions, il y a sur lui plus de prise, vous avez un petit nombre d'électeurs, de petites parties de territoire : tout se rapetisse, tout tombe dans la médiocrité, dans l'obscurité [2].

Voilà comment le vice moral s'infiltre, pénètre et descend du sommet à la base. « Il est très-malaisé, » dit Montesquieu, que la plupart des principaux d'un » État soient malhonnêtes gens, et que les inférieurs » soient gens de bien, que ceux-là soient trompeurs, » et que ceux-ci consentent à n'être que dupes [3].

Cependant, comme si on descendait à la partie de la population laissée en dehors de ce jeu et qui n'y est

---

[1] « Mettez au nombre des nécessités qu'appelle le mal qui nous travaille, disais-je en 1842, mettez un système législatif bien coordonné, qui, sans énerver le pouvoir exécutif, réglerait les conditions d'aptitude, la distribution, l'avancement et les garanties d'emploi pour tout ce qui tient aux services publics : garanties que nous avons à envier, même à des gouvernements absolus. » (*Profession de foi*, *aux électeurs de Toulon*, juin 1842.)

[2] « Plus vous rétrécissez la scène disais-je à la même époque, plus vous rapetissez les intérêts et les hommes. La mesure à introduire, c'est que les députés de chaque département soient tous nommés par tous les colléges du département. Par un procédé bien facile à organiser, les bulletins seraient tous portés ensuite et dépouillés à un point central. On aurait ainsi détruit ou paralysé les mesquines et misérables influences locales. Si quelques noms, dans chaque endroit, étaient encore inscrits sous ces influences, comme ils ne le seraient pas ailleurs, ils resteraient sans majorité. La réunion de tous les votes du département formerait un tamis dans lequel passeraient les noms sans valeur, et il ne resterait que ceux qui jouiraient d'un crédit et d'une considération générales. » (*Discours aux électeurs*, 6 juillet 1842.)

[3] *Esprit des lois*, liv. III, ch. 5.

pas encore faite, on y trouverait des esprits moins fa-
çonnés, on pratique le conseil du cardinal Richelieu,
dans son testament : « Il ne faut pas se servir des gens
» de bas lieu ; ils sont trop austères et trop difficiles. »

Ma conviction profonde, formée depuis longtemps, depuis longtemps écrite et publiée, la conviction, du reste,
de tout le monde, c'est que forcément, indépendamment
même des hommes, par les seules conséquences, mais
conséquences inévitables de nos institutions, nous mar-
chions chaque jour vers une démoralisation générale ;
et que pour sortir de ce courant fatal le changement
des personnes, bon tout au plus à amener des temps
d'arrêt, était insuffisant : il fallait changer les institutions [1].

Le gouvernement républicain opérera cette réaction
énergique et nous portera dans une meilleure voie. Ce

[1] « Je suis, disais-je en 1842, je suis du nombre de ceux qui s'affligent et
qui s'effrayent de la démoralisation mesquine et égoïste qui, dans l'ordre
politique, depuis dix ans, s'infiltre de plus en plus dans notre société à
tous les degrés de l'échelle, qui déprave le caractère national, et qui va
jusqu'à faire mettre en doute l'avenir de notre régime représentatif. Le mal
a ses racines plus loin que dans les personnes, car, à travers les change-
ments d'administration, il continue et il s'aggrave toujours. Le mal est dans
les institutions. Je suis convaincu, en honnête homme, que la réforme parlementaire et la réforme électorale, assises sur d'autres bases que la simple
augmentation du nombre des électeurs, sont des remèdes urgents. » (*Profession de foi aux électeurs*, juin 1842.)

Je répétais la même idée en 1846 : « La réforme électorale et la réforme
parlementaire sont, à mon avis, au point de vue politique comme au point
de vue moral, des nécessités immédiates de notre situation. Les institutions
sont vicieuses, et c'est un devoir de les corriger, lorsqu'au lieu de mettre
un frein aux mauvais penchants de la nature humaine, elles les excitent et
leur ouvrent une carrière qui s'étend depuis les premiers jusqu'aux derniers
degrés de la société. » (*Profession de foi* de juillet 1846.)

n'est pas qu'on ne lui attribue aussi, en fait de mœurs publiques, ses mauvais penchants et ses défauts particuliers : on se le figure communément avec la parole rude, le caractère acerbe, l'impatience de tout frein et l'instinct de l'insubordination. Nous montrerons, Messieurs, qu'il peut s'allier avec la délicatesse de langage, la douceur de mœurs, l'urbanité de manières qui font la réputation de notre peuple, et le respect des autorités légitimes d'autant plus grand, que ces autorités n'émaneront plus que de la souveraineté nationale. (Assentiment unanime.)

II.

La conséquence la plus douce, la plus bienfaisante de la morale, c'est la charité : d'où le troisième principe du gouvernement républicain moderne, FRATERNITÉ. Ainsi, les deux premiers de ses principes dérivent du droit; le troisième, de la morale.

Il y a cependant des nuances entre fraternité et charité. Avec le mot de fraternité vient une pensée d'égalité, de deux hommes sortis du même sein, nourris du même lait; dans le mot de charité je vois un mouvement, une disposition du cœur. La fraternité réveille l'idée de l'homme, de deux frères, l'idée de la vigueur, de la force à s'appuyer ou à se défendre mutuellement; la charité, l'idée de la femme, de la faiblesse, qui trouve encore en elle le moyen d'être utile au soulagement des souffrances d'autrui. Voilà pourquoi l'expression de fraternité convient mieux pour un

principe de gouvernement républicain , celle de charité
pour une des vertus suaves de la religion.

Le jeudi , après la lutte partout finie , et le triomphe
assuré, vers quatre heures et demie , on se hâtait de
porter dans les hôpitaux les blessés , déposés, en attendant, dans le premier endroit venu , dans des am-
bulances improvisées. Ceux du poste du Château-
d'Eau , près du Palais-Royal , étaient nombreux ;
nous avions cinq civières, et nous les transportions,
par voyages divers, à l'hôpital de la Charité, rue Jacob.
Dans un de ces voyages, j'étais un des porteurs du
second brancard , où se trouvait un homme du peuple,
blessé à la poitrine d'un coup de feu. Devant nous,
en tête du cortége , était porté un soldat , peut-être
celui même de qui était parti ce coup de feu. Un jeune
homme, presqu'en haillons, son arme à la main , mar-
chait à côté , prêt à remplacer les porteurs fatigués,
et il criait de temps en temps ; « Celui-ci est un de
ceux qui ont tiré sur nous; mais c'est égal , il est
blessé» ! Et tous s'écartaient respectueusement ; et dans
la salle de l'hospice, à côté de chaque lit disposé à
l'avance , une sœur de charité, deux femmes pour
l'assister , empressées toutes à recevoir chaque malheureux, à lui prodiguer leurs secourables soins , sans
songer à demander dans quels rangs il avait combattu.

Ces hommes, porteurs du soldat qui avait tiré sur
eux , c'est la fraternité ; ces saintes sœurs, ces femmes
prêtes à les recevoir et à les secourir tous, c'est la
charité ! (Applaudissements.)

Mais, Messieurs, en inscrivant le mot de fraternité

comme un des principes du Gouvernement républicain moderne, il ne faut pas s'en tenir à l'expression seule d'un sentiment. Il faut faire passer ce principe dans les lois ; il faut qu'il se transforme en institutions. Qui dit fraternité, dit aussi communion, association, assurance des uns aux autres : moyens ingénieux de répartir sur tous le mal de chacun, et de parvenir ainsi à le rendre presque insensible ; de faire arriver à chacun son profit dans les forces communes et sa part du bien général. Ce sont ces moyens qui, traduits en institutions législatives, peuvent servir à réaliser efficacement le principe de la fraternité. On ne sait pas encore tout ce qu'ils contiennent de bien pour la chose commune.

III.

Il nous reste, Messieurs, à monter encore dans l'échelle que nous parcourons. Observer les règles impératives du droit n'est pas un mérite : faire autrement serait un délit ; observer les règles de la morale, c'est un peu plus méritoire, et cependant on ne fait encore qu'obéir à un devoir ; mais si vous arrivez au sacrifice de son droit, de son bien-être, au sacrifice de soi-même, voilà le mérite ; vous arrivez à la vertu. La vertu n'existe que là où il y a sacrifice.

Eh bien ! le gouvernement républicain nous secoue du froid sommeil de l'égoïsme ; il nous souffle le germe des nobles vertus ; car il nous donne l'amour de la patrie, le renoncement à soi-même, l'esprit de sacrifice ! (On applaudit).

Ce que je vais ajouter, je ne vous le dirai qu'avec une profonde émotion : J'ai voulu savoir ce qu'était devenu le malheureux que j'avais aidé à porter. J'ai montré, dans l'hospice, le lit où nous l'avions déposé, le n° 51 : « Il est mort hier, » m'a-t-on répondu [1]. Et comme je tenais à éviter toute erreur, à me bien assurer de son sort : « Le reconnaîtriez-vous ? — Oui, sans doute. — Je vais vous conduire à la salle des morts. » C'était une longue salle ; à l'une des extrémités, une chapelle ardente, et le long des murs, à droite et à gauche, tous rangés dans leurs bières, attendant qu'on les transportât sous la colonne de Juillet, cinquante morts de février. Les couvercles étaient posés de manière à laisser apercevoir leurs têtes.

Toutes ces têtes jeunes, soumises aux procédés qui conservent une apparence de vie et de fermeté à la face de l'homme, toutes ces figures vigoureuses ou douces, qui me paraissaient s'empreindre de l'héroïsme de leur trépas, et me féliciter de l'affranchissement de la patrie, je ne les oublierai jamais! Elles étaient présentes à ma pensée, au milieu de la foule innombrable, quand, le lendemain, nous faisions leurs funérailles, et toute ma vie elles y resteront.

Morts, obscurs et glorieux à la fois, vous n'êtes plus, et nous sommes libres! Voici votre corps ; mais votre âme est là-haut! Les fautes, les erreurs de la vie sont expiées par cette mort de sacrifice, cette mort pour la

---

[1] Puisque le sort me l'avait confié blessé, que je conserve la mémoire de son nom : François LACHAUX, marbrier, trente-six ans, blessé le 24 février, mort le 2 mars.

liberté ! (Se levant avec entraînement :) Vous êtes morts : Vive la République ! (L'auditoire partage ce mouvement spontané, et répète ce cri avec émotion.)

IV.

Messieurs, en finissant, remontons à la source de toute chose, à la source du droit, de la morale et de la vertu ; faisons comme ce brave peuple, pendant et après le combat, remontons à l'esprit de religion.

Il y a dix-huit siècles et demi que la religion du Christ est en avance sur tous les gouvernements et sur toutes les théories. Il y a dix-huit siècles et demi qu'elle nous montre, comme bien loin, le perfectionnement auquel nous devons tendre et que les institutions humaines, si près qu'elles puissent en approcher, n'atteindront jamais. Les trois principes de notre République moderne nous viennent d'elle, et la pratique complète de ces principes ne viendra que d'elle. La religion du Christ est la religion de la liberté, de l'égalité et de la fraternité [1] ! (Acclamations générales et vifs applaudissements.)

---

[1] J'écrivais la même pensée, en 1846, en ces termes : «C'est une chose admirable, que si loin qu'on se mette à désirer ou à rêver le progrès, le christianisme est là qui en contient et qui en donne la formule. De telle sorte que toutes les révolutions sociales qui pourront survenir, tout l'avenir, si avancé qu'on le suppose, qui pourra se développer, jamais ne se trouveront au-dessus ni même au niveau de cette formule. Formule simple et sublime, brève et féconde, qui résume dans sa concision l'idéal vers lequel nous devons marcher : l'unité et la fraternité entre les hommes. » (*Préface des Mystères de la Providence*, p. xviii, 1846.)

LEÇON V.

(Jeudi, 9 mars.)

DE LA RICHESSE SOCIALE ET INDIVIDUELLE.

Nous abordons un sujet dans lequel se trouvent les plus grandes difficultés, peut-être, et les plus grands devoirs de la situation : celui de la richesse sociale et individuelle.

I.

La richesse est tout ce qui sert à donner satisfaction à un besoin, à un plaisir légitime de l'homme, matériel ou moral ; car il y a richesse matérielle et richesse immatérielle. En définitive, elle aboutit au bien-être et au perfectionnement de l'homme.

La richesse sociale n'est que le composé, la somme totale des richesses individuelles. La tendance du gouvernement républicain doit être, non-seulement de l'augmenter autant que possible, comme le prétendent aussi tous les autres gouvernements ; mais encore de resserrer le lien de chaque partie au tout, de mettre obstacle à l'individualisme égoïste, qui dit : « Prenne qui peut! Sauve qui peut! »

Mais la richesse a, dans son existence, un caractère particulier : elle obéit à des causes difficiles à définir, elle suit un cours latent. Insaisissable, échappant à la loi, à l'autorité qui veut la régler ou même la protéger, elle est facile à s'effaroucher, elle s'arrête, se cache au moindre trouble, et souvent se détruit. Voilà pourquoi tous les problèmes qui la touchent sont si difficiles et si importants.

Je vous ai déjà annoncé que la mission du Gouvernement républicain, tel que les lumières modernes doivent le faire établir, est de s'attacher, dans ces problèmes, non-seulement à ceux de la production et de la consommation de la richesse, mais surtout à celui de la répartition [1].

---

[1] Il y a longtemps que j'ai, en toute occasion, professé cette nécessité. « Le but auquel doit tendre l'économie politique, de progrès en progrès, se trouve mieux assigné : *Rendre l'aisance aussi générale que possible*, telle doit être sa formule aujourd'hui. Pour y parvenir, il ne suffit pas d'avoir résolu en grande partie le premier problème : l'augmentation de la production des richesses; il faut arriver au second : leur meilleure distribution possible, avec somme équitable, somme assurée de *bien être* et de *moralité* pour tous. » (*Cours de législation pénale comparée*, introduction philosophique, p. 204, 1839.)

« Que l'économie sociale ne se borne pas à étudier le phénomène de la production et de la consommation de la richesse : qu'elle recherche les moyens d'en procurer la meilleure, la plus équitable répartition, et qu'elle enseigne ces moyens à la science gouvernementale. Qu'on ne fasse pas entrer seulement dans les préoccupations de cette économie sociale la richesse matérielle; mais que la richesse intellectuelle, que la richesse morale viennent y prendre le rang qu'elles doivent occuper. » (*Préface aux Mystères de la Providence*, p. xvii, 1846.)

Dans cette répartition, il ne s'agit pas de prendre les biens existants, de violer les droits acquis pour faire de ces biens une distribution différente. Il s'agit, à chaque nouvelle richesse qui se produit, de diriger d'une manière équitable la répartition à faire entre tous ceux qui ont concouru à cette production.

Voyons donc quels sont les éléments qui concourent à la production de la richesse.

II.

En tête de tous, plaçons le travail, sans lequel les autres resteraient stériles ou n'existeraient pas.

Le travail n'est autre chose que l'application des forces physiques ou morales de l'homme à la production d'une richesse matérielle ou immatérielle.

Nous sommes tous travailleurs ; tous, plus ou moins: sauf l'oisif, qui languit dans son vice, et sera frappé de *spleen* s'il n'en sort jamais. Le propriétaire qui gère sa fortune, l'entrepreneur, l'artiste, le poëte, le littérateur, vous sur ces bancs, moi dans cette chaire, nous sommes tous ouvriers, car nous avons chacun notre œuvre. Mais, par suite de la pauvreté de notre langue, qui ne nous offre aucune expression spéciale, on entend particulièrement par travailleurs, par ouvriers, ceux qui font un travail, le plus souvent manuel, dont ils vivent au jour le jour, et auquel ils sont employés par un autre.

Cette partie de la nation, quoique la marche du temps ait amélioré son existence, n'a pas le sort qu'elle devrait avoir. Hélas! elle est souvent malheureuse ; souvent aussi l'ouvrier littéraire, l'ouvrier de science est plus malheureux encore ; combien de fois ne lui est-il pas arrivé de dire : « Que ne suis-je maçon! que ne suis-je menuisier!» Cet état de choses doit être changé.

Avant tout, partout où il se présente, il faut honorer le travail. L'antiquité l'avait abandonné aux esclaves, et le marquait d'une tache servile. Le moyen âge l'a abandonné aux vilains, aux roturiers; s'y livrer, pour la noblesse, c'était se dégrader. Le principe républicain moderne est d'en relever l'honneur : mais les mots ne suffisent plus; il faut que cet honneur passe dans les faits et se traduise en lois.

Il faut, en outre, que la part du travail, dans la richesse produite, devienne plus équitable. Combien de causes concourent à la réduire! L'ouvrier ne peut pas courir le risque de l'œuvre à laquelle il coopère, il lui faut un salaire assuré ; donc ce salaire sera moindre. — L'ouvrier n'a pas le temps d'attendre, il a besoin, chaque semaine au moins, du payement de son salaire; donc ce salaire sera moindre. — L'ouvrier est isolé, par conséquent faible de défense ou d'influence; nouvelle cause de réduction. Le principe du Gouvernement républicain moderne doit être d'obvier pacifiquement, sans trouble, ni lésion de droits, aux inconvénients d'une telle situation et de faire disparaître ou d'atténuer ces causes d'infériorité.

L'ouvrier, s'il n'est pas assez éclairé, s'il ne voit les choses que matériellement, ira droit au but : il demandera, par décret, par ordre immédiat, de gré ou de force, l'augmentation de son salaire et la diminution de ses heures de travail. Voilà sa solution à lui, voilà sa victoire[1].

Mais la production ne s'accommode pas de tels procédés; la violence l'effraye, elle s'arrête, chacun en souffre, et l'ouvrier lui-même est plus malheureux; car chaque arrêt dans la production est un arrêt dans le travail, et chaque arrêt dans le travail est pour lui une misère.

Ce n'est pas que nous veuillions éluder le principe de notre révolution républicaine; ce principe est bien posé : c'est une révolution sociale, dont les ouvriers, comme l'universalité de la nation, doivent profiter. Mais il faut trouver et mettre en pratique des institutions qui réalisent cette révolution. Pour entrevoir comment le problème peut être résolu, déterminons par l'analyse à quels résultats il faut tendre.

III.

Si l'on observe attentivement entre quels agents, ayant concouru à la production de la richesse, se répartit le profit de cette production, on trouvera que ces agents sont au nombre de trois :

Celui qui conçoit l'opération, qui en cherche et en

---

[1] La plupart cependant comprennent très-bien que ce n'est pas ainsi qu'on peut résoudre le problème, et tâchent eux-mêmes de le faire comprendre à ceux de leurs camarades qui y voient moins clair.

réunit les moyens, qui la dirige et en court les risques : c'est l'agent qui se nomme l'entrepreneur ;

Celui qui vient en aide à l'entrepreneur, qui lui fournit en matériel, en machines, en numéraire, ces moyens qu'on nomme capital ; et qui s'appelle lui-même, à cause de cela, le capitaliste ou propriétaire ;

Enfin, ceux qui mettent leur travail à la disposition de l'entrepreneur et qui exécutent l'œuvre à faire ; autrement dit les ouvriers.

L'entrepreneur compte à l'ouvrier, périodiquement, à chaque semaine, à chaque époque marquée, son salaire ; il donne au capitaliste son profit ; le reste, à la fin de l'opération, heur ou malheur, perte ou gain, est pour lui.

Voilà ce que nous montre l'analyse. Il est vrai que souvent l'une ou l'autre de ces qualités, et même toutes les trois, peuvent se mêler, se confondre dans la même personne. L'entrepreneur est une sorte de travailleur : il peut avoir, il a communément une partie du capital ; le capitaliste peut se faire entrepreneur ; l'ouvrier pourrait aussi aspirer à entreprendre, à se créer un capital : il en a même ordinairement un petit, ses outils ; tous ces agents ont leur capital moral, intellectuel. Mais ce mélange, cette confusion, n'ôtent rien à la vérité de l'analyse : l'analyse, et la répartition qui en résulte, restent.

Dans cette distribution, à qui la part la plus faible ? Nous l'avons dit, à l'ouvrier.

Voici, d'après un économiste américain, une variété de proportion, profitable à noter, dans cette distribution, considérée aux États-Unis, en Angleterre et en France. Le produit étant de 100, il se répartit ainsi qu'il suit, entre le travail (y compris l'entrepreneur et l'ouvrier), le capital, et le Gouvernement (pour prix de son office protecteur) :

	Pour le travail.	Pour le capital.	Pour le Gouvern.
Aux États-Unis.	72,75	25	2,25.
En Angleterre.	56	21	23.
En France.	47	36	17.

Ainsi la progression, pour la part du travail, va en décroissant d'une manière très-sensible, des États-Unis à l'Angleterre, et de l'Angleterre à la France. Tandis que, pour la part du Gouvernement, elle va en croissant, des États-Unis à la France, et de la France à l'Angleterre ; c'est-à-dire que le Gouvernement à meilleur marché dans le phénomène de la production, est, sans comparaison aucune, le Gouvernement républicain ; puis celui de la monarchie constitutionnelle alors existante en France ; et enfin celui de la monarchie constitutionnelle aristocratique.

Les réflexions analytiques qui précèdent marquent le but auquel notre république moderne doit tendre : premièrement, augmenter la proportion du salaire de l'ouvrier par un cours régulier et général, qui entre sans froissement dans les habitudes et dans les transactions ; — secondement, amener l'ouvrier à devenir capitaliste ; — troisièmement, l'amener à devenir entrepreneur, ou du moins à avoir, outre son salaire fixe, une part d'intérêt dans l'entreprise, comme l'a déjà établi, par une honorable et volontaire initiative, l'une de nos compagnies de chemins de fer, celle du Nord.

Voilà le but; quels sont les moyens? Il y en a plusieurs.

IV.

Puisque l'une des causes du mal, c'est que l'ouvrier est isolé, faible et sans influence, donnons-lui une force, un soutien : voilà le premier moyen. Et comment? En l'arrachant à l'isolement, en le reliant à des points d'appui communs, en facilitant son association avec d'autres : la faiblesse unie à la faiblesse finit par faire la force, et la lumière arrive, là où plusieurs intelligences sont réunies.

Vous entendez beaucoup parler en ce moment d'organisation du travail, et ce mot effraye même certaines personnes; mais, qu'est-ce qu'organiser le travail? Ce n'est autre chose que lui constituer, comme aux individus, des organes de sensibilité, d'intelligence et d'activité communes. Et comment peut-on lui créer ces organes? Uniquement par l'association : organiser le travail, c'est donc le relier, d'une manière ou d'autre, à l'association générale ou l'agglomérer en associations particulières, et le pourvoir d'organes collectifs.

Quel sera le mode de cette constitution d'organes communs, dans ces sortes d'associations? Vous sentez que, là-dessus, arrive une multitude de systèmes divers, dont l'examen particulier ne serait pas ici à sa place.

Il en est de simples, facilement applicables, qui peuvent se relier parfaitement à la société actuelle en l'améliorant sans la bouleverser. Il en est d'autres, frappés de plus d'idéalisme, et qu'on peut dire même irréalisables aujourd'hui.

Nous ne parlons que des principes généraux : à ce titre, notez les trois écueils que je vais vous signaler. Mieux vaudrait encore rester stationnaires que d'aller, poussés par un esprit d'exagération inexpérimentée, toucher ces écueils et y faire naufrage. Dans cette organisation du travail, ayons toujours soin de prendre garde aux trois points que voici :

Ne pas détruire la famille, ni l'excitation individuelle nécessaire à l'homme pour aiguillonner ses facultés intellectuelles et son activité.

Ne pas détruire la prévoyance, ni cette loi morale d'après laquelle chacun doit être responsable de ses mauvais penchants, s'il y cède, de ses vices, de ses mauvaises actions ;

Ne pas détruire, dans la contrainte et comme dans la servitude de l'association, la liberté individuelle [1].

---

[1] Voici comment j'exprimais, en 1846, une pensée analogue : « Il faut, tout en laissant à chacun, comme le veut la loi de justice, la mission d'être l'artisan de sa propre destinée, avec le profit de ses bonnes qualités et de ses bonnes actions, avec la responsabilité de ses vices et de ses fautes ; il faut que la partie la plus nombreuse de l'association, celle qui en forme à elle seule les deux tiers, celle qui est à la fois la moins éclairée et la plus pauvre, n'ayant de fortune que le travail, il faut que cette partie ne soit pas abandonnée à un isolement individuel, sans direction et sans appui ; il faut que l'État mette au nombre des premiers services publics, le devoir de la moraliser, de l'instruire et de la soutenir dans toutes les phases de la vie privée...

» Suivez, avec moi, le fils du travailleur, depuis son berceau jusqu'à ses dernières années ; voyez cette classe lorsque chacun de ses membres est

Outre l'organisation du travail, il est encore un second moyen. Puisque c'est le travail qui engendre la richesse, la propriété, multipliez les occasions de travail, vous multiplierez les occasions de richesse et de propriété. L'ouvrier inéclairé ne verra là-dedans qu'une chose, la création immédiate d'ateliers publics. Ceci est un moyen subit, un moyen pour parer d'urgence aux exigences d'une crise qui ne peut attendre. Mais la production, le travail normal, ne s'accommodent pas non plus de tels procédés. Il faut arriver au résultat cherché, indirectement, par des procédés continus et intelligents.

Enfin, un troisième moyen, relatif au budget de l'État, se présente encore ; mais il trouvera plus loin sa place, et nous y reviendrons.

V.

Après cet examen spécial du premier, du plus important agent de la production, du travail, parcourons rapidement quelle doit être l'influence du Gouvernement républicain moderne à l'égard des autres.

abandonné à ses seules forces, livré à l'égoïsme, à l'ignorance et à la faiblesse de l'individualisme : la fausse direction, les mauvaies habitudes, les impuissants efforts, la misère, les maladies, la dépravation arrivent le plus souvent.

» Appliquez-y, au contraire, l'esprit d'association, le système d'une communion d'efforts à faire et de bienfaits à recevoir, l'emploi des forces vives et des ressources générales de la société : le bien que vous produirez, les éléments de richesse morale et de richesse matérielle que vous mettrez à découvert sont hors de calcul. » (*Préface aux Mystères de la Providence*, p. xviii et suiv.)

Le second que nous rencontrons, est la terre. La terre, en elle-même instrument de production, nous offre aussi, dans son exploitation, l'entrepreneur, le capitaliste ou propriétaire, l'ouvrier agricole : trois qualités réunies quelquefois, et plus fréquemment encore ici que dans les autres cas, sur une même tête.

Les esprits se sont préoccupés bien moins des ouvriers agricoles, que des ouvriers de la ville. Pourquoi cela? parce qu'ils sont disséminés sur le sol, au lieu d'être agglomérés par grandes masses; et parce qu'ils trouvent plus communément, plus régulièrement, les moyens d'une plus frugale, mais plus tranquille existence, sur ce sol fécondé par leurs sueurs.

Le Gouvernement de notre République ne doit pas oublier cette partie de la nation. Tout ce que mérite d'attention l'agriculture est, depuis longtemps, comme phrase, passé en banalité. Mais où sont les réalités? Combien de richesses agricoles délaissées : de terres incultes, de cours d'eau perdus! Je trouve quelques encouragements de luxe, d'apparât; quelques fermes modèles aristocratiques, avec un personnel absorbant, où l'on forme, par quelques études théoriques, comme un petit état-major de l'agriculture; quelques haras à grandes dépenses, avec leurs étalons et leurs types reproducteurs qui courent, au temps voulu, de châteaux en châteaux, pour la régénération des races des gentilshommes-*riders*.

Le Gouvernement républicain moderne doit en venir directement à des choses tout autres. Ayez de véritables fermes démocratiques, des colonies agricoles populaires, où chaque année, par chaque département, cinq cents fils de nos campagnes, de nos pauvres paysans, seront initiés aux travaux de la culture; où vous formerez en eux d'habiles hommes de ferme, de bons garçons de charrue, en même temps que vous moraliserez leur âme et que vous éclairerez leur esprit; ayez une de ces colonies par département; dépensez-y dix ou douze millions par année; votre argent sera bien placé. (Approbation.)

Je dirai peu de chose du capital matériel, qui semble à tort être en lutte d'intérêt avec le travail; qui est destiné, au contraire, à faire perpétuellement alliance avec lui dans le phénomène de la production; alliance que le Gouvernement républicain moderne doit cimenter.

Peu de chose du capital moral, que le Gouvernement républicain moderne doit relever, augmenter et développer : puisqu'il est dans la nature d'un tel Gouvernement de réhabiliter la morale, de rechercher toutes les intelligences, et de les cultiver au nom de la patrie.

Peu de chose enfin du crédit, cette confiance qui multiplie les ressources de la production, et qui repose sur deux éléments : la foi dans le capital moral, ou dans le capital matériel, dans les entreprises d'un homme, et la foi dans l'état général des affaires. Agent immatériel, quelquefois s'enflant, s'exagérant, s'abandonnant sans réserve ; d'autres fois s'alarmant, s'affaissant, disparaissant et amenant ces crises funestes dans lesquelles on voit s'écrouler toutes les affaires qui reposaient sur sa base idéale.

Nulle grande commotion nationale ne peut passer sur le pays sans suspendre et ébranler passagèrement le crédit. Mais ce n'est pas d'après ces premiers moments d'oscillation qu'il faut juger de l'influence d'un Gouvernement. Celui de la République moderne, dans son avenir, précisément parce qu'il doit affermir et développer tous les éléments qui précèdent, affermira et développera aussi le crédit qui repose sur eux ; il l'asseyera sur une base plus solide, parce qu'elle sera plus réelle. Enfin, au moyen de la facilité d'association et de la constitution d'organes communs, il parviendra à ouvrir a x travailleurs eux-mêmes cette grande ressource du crédit, qui leur a été fermée jusqu'à ce jour. (On applaudit.)

LEÇON VI.

(Samedi, 11 mars.)

DE LA PROPRIÉTÉ. — DES OBLIGATIONS NATIONALES D'ASSISTANCE FRATERNELLE.

I.

Les divers agents de la production nous sont connus ; le mouvement de ces agents, la production qu'ils opèrent, la répartition qui en résulte, tout cela aboutit à la propriété, c'est-à-dire à l'appropriation, à l'affectation en propre de la richesse produite.

En tête des agents de la production se place le travail. Il y a plus, si l'on analyse tous les autres agents, on reconnaîtra que le travail se retrouve dans tous : il est dans le crédit, par les efforts intellectuels, ou moraux, ou productifs, qui l'ont fait naître ; il est dans le capital moral, par l'éducation, par les études, par l'expérience, qui l'ont formé ; il est dans le capital matériel, qui n'est autre chose que la richesse, c'est-à-dire le produit du travail, accumulé, mis en réserve ;

enfin il est dans la terre, que le travail sollicite et fer-
tilise. Si bien que partout vous retrouvez le travail, et
qu'on peut dire, avec vérité, que la richesse n'est
autre chose que le travail transformé, et la propriété
autre chose qu'une conséquence légitime du travail.

A l'égard des objets mobiliers, cette proposition est
peu contestée; elle l'est davantage à l'égard de la
terre.

Regardez cependant ! Combien le travail ne la
change-t-il pas ! Voici une différence immense entre
le cultivateur et le manufacturier : Les capitaux, le
travail du manufacturier font, dans ses mains, un va-
et-vient continuel; ils se transforment en objets manu-
facturés, lesquels se vendent dans un bref délai, et
reviennent en nouveaux capitaux plus abondants que
les premiers ; aussi le manufacturier trouve-t-il facilement du crédit et des capitaux pour ses opérations. Le
travail de l'agriculteur, au contraire, ses capitaux et
ses avances, vont s'enfouir dans la terre, ils s'y incor-
porent, ils ne peuvent plus en être détachés; heureusement Dieu nous a donné, pour cette terre cultivée
de notre main, un amour providentiel qui nous pousse
à l'enrichir, à l'embellir sans cesse de nos sacrifices;
tout au plus, après une longue attente, ces efforts et
ces sacrifices parviennent-ils à augmenter le revenu ;
mais, comme capital, ils font toujours corps avec la
terre, ils sont, pour ainsi dire, combinés avec elle.
Aussi l'agriculteur trouve-t-il beaucoup plus difficile-
ment à emprunter ; aussi, à bien considérer les choses,
peut-on dire, encore mieux, de la propriété de la

terre, qu'elle est la conséquence légitime du travail qui s'y est accumulé et incorporé.

Le communisme, qui nie radicalement la propriété, n'a qu'un défaut capital, qui, à lui seul, nous dispense d'en citer aucun autre : il est contre la nature même de l'homme. L'idée d'une propriété collective de l'État, maître de tout le sol et le donnant seulement à ferme aux particuliers, est moins subversive. Cependant on sait ce que sont les terres dans les mains des fermiers ou des usufruitiers ! On sait ce que sont les cultures faites par des tiers pour les communes, pour l'État ! La pauvreté du sol de l'Espagne est venue en grande partie de ce que la moitié presque de ce sol était biens de communes ou de corporations ; et chez nous, depuis plusieurs années, il est certaines personnes qui réclament, au nom des progrès de l'agriculture, la vente de nos pauvres communaux. Comment surtout nier la légitimité de la propriété territoriale, en France, où cette propriété, morcelée en des parcelles infinies, est, sur tant de points, la conquête du paysan, la conquête faite par lui à la longue, et à la sueur de son front !

Les déclarations de l'Amérique, toutes les constitutions françaises de 1791, de 1793, de 1795, consacrent la propriété et la proclament au nombre des droits de l'homme[1]. Robespierre seul, dans son projet

---

[1] Déclaration des droits de 1789, jointe à la constitution de 1791 : « *Art.* 2. Le but de toute association politique est la conservation des droits naturels et imprescriptibles de l'homme. Ces droits sont la liberté, la propriété, la sûreté et la résistance à l'oppression. — *Art.* 17. La propriété étant un

de déclaration, la réduisait à la portion garantie par la loi[1]. Mais tel n'était pas l'esprit de l'époque; on peut dire qu'alors, et dans les temps postérieurs jusqu'à nos jours, cet esprit, fortifié par les jurisconsultes, a été non-seulement de respecter le droit de propriété, mais même d'en exagérer l'inviolabilité ; de vouloir que l'intérêt public pliât devant lui plutôt que lui devant l'intérêt public, et que le veto d'un propriétaire sur son terrain suffît pour arrêter ou pour différer d'utiles opérations. Ce sont là des exagérations dont on est revenu en partie, et dont il faut revenir complétement. Il faut acquérir, sous la réserve des indemnités légitimes, le sentiment des sacrifices que nous devons tous à la chose publique.

Voyons maintenant comment le gouvernement républicain moderne doit parvenir, non-seulement à respecter, mais à consolider, à moraliser encore plus le droit de propriété? Déjà il marchera vers ce but,

droit inviolable et sacré, nul ne peut en être privé, si ce n'est lorsque la nécessité publique, légalement constatée, l'exige évidemment, et sous la condition d'une juste et préalable indemnité. »

Constitution de 1793, Déclaration des droits : « *Art.* 1. Le Gouvernement est institué pour garantir à l'homme la jouissance de ses droits naturels et imprescriptibles. — *Art.* 2. Ces droits sont : l'égalité, la liberté, la sûreté, la propriété. — *Art.* 16. Le droit de propriété est celui qui appartient à tout citoyen de jouir et de disposer à son gré de ses biens, de ses revenus, du fruit de son travail et de son industrie. — *Art.* 19. Nul ne peut être privé de la moindre portion de sa propriété, sans son consentement, si ce n'est lorsque la nécessité publique légalement constatée l'exige, et sous la condition d'une juste et préalable indemnité. »

[1] « La propriété est le droit qu'a chaque citoyen de jouir et de disposer de la portion de biens qui lui est garantie par la loi. » (Projet de Déclaration de droits, par Robespierre, 1793.)

en déterminant, comme nous l'avons dit, une meilleure répartition de la richesse produite, entre les agents de la production, et en multipliant les occasions de travail. Il est un troisième moyen, la direction à donner aux recettes et aux dépenses nationales.

II.

Le Peuple, l'État, la Nation, c'est une association générale, la plus large, la plus puissante de toutes, comprenant et dominant toutes les associations particulières formées dans son sein. Les recettes, qui constituent l'actif de cette association, sont prises directement ou indirectement sur tous; les dépenses doivent être faites pour tous. De là découlent, en fait de finances, les droits et les obligations de l'État. Nous nous occuperons ici de ses obligations.

Carnot, dans son projet de déclaration des droits, en 1793, dit que chaque membre de la société a, dans cette société, un droit qu'on pourrait nommer *droit de bienveillance*. Signalons, comme conséquence de cette idée, les obligations suivantes:

1° Obligation pour la République de concourir au développement moral, intellectuel et professionnel de ses membres; de disposer, de préparer au travail auquel la nature l'appelle, celui qui n'aura pour vivre que le travail.

« La société (dit un projet de déclaration des droits, de 1793), la société a le droit d'exiger que chaque ci-
» toyen soit instruit d'une profession utile; qu'il s'en-

» tretienne dans la force du corps et dans les exercices
»dont elle peut avoir besoin pour sa défense (art. 8).
» —Chaque citoyen a le droit réciproque d'attendre de
» la société les moyens d'acquérir les connaissances et
»instructions qui peuvent contribuer à son bonheur
» dans sa profession particulière, et à l'utilité publique
» dans les emplois qu'il peut être appelé à remplir par
» le vœu de ses concitoyens. » (Art. 9.)

Celui qui écrivait cela, Messieurs, c'était Carnot; et par une destinée providentielle, aujourd'hui, quand la République se relève neuve et rajeunie, c'est le fils qui est appelé à y traduire en réalité les maximes paternelles. (On applaudit.) La Convention accueillit ces maximes et les fit passer dans sa Constitution de 1793, mais en les affaiblissant d'expression et de portée[1].

2° Obligation pour la République de garantir à tout homme qui n'a d'autre moyen de vivre que le travail, une certitude permanente de travail[2].

3° Obligation pour la République de garantir, à

[1] Constitution de 1793, déclaration des Droits : « *Art.* 22. L'instruction est le besoin de tous. La société doit favoriser de tout son pouvoir les progrès de la raison publique, et mettre l'instruction à la portée de tous les citoyens. »

[2] Gouvernement de la République. Proclamation du 25 février 1848. « Le gouvernement de la République française s'engage à garantir l'existence de l'ouvrier par le travail; il s'engage à garantir du travail à tous les citoyens ; il reconnaît que les ouvriers doivent s'associer entre eux pour jouir du bénéfice légitime de leur travail. Le Gouvernement provisoire rend aux ouvriers, auxquels il appartient, le million qui va échoir de la liste civile.

GARNIER-PAGÈS,
Maire de Paris.

LOUIS BLANC,
L'un des secrétaires du gouvernement provisoire

tout homme n'ayant d'autre moyen de vivre que le travail et ne pouvant plus travailler, un repos momentané si l'impossibilité est temporaire, un repos définitif si l'impossibilité est sans retour.

Ces obligations rigoureuses ont déjà été proclamées ; elles l'ont été dans une Constitution : « Les secours » publics sont une dette sacrée (disait la déclaration des droits de la Convention, de 1793) ». « La société » doit la subsistance aux citoyens malheureux, soit en » leur procurant du travail, soit en assurant les moyens » d'exister à ceux qui sont hors d'état de travailler. » (Art. 21.) Comment ont-elles été exécutées ? Elles sont restées à l'état de vérité idéale. Gardons-nous qu'il en soit ainsi ! Il faut que dans le Gouvernement républicain moderne elles passent à l'état de vérité appliquée. Examinons de quelle manière on peut en organiser l'application.

III.

Suivez avec moi, dans sa vie, le fils du travailleur, de celui qui doit demander jour par jour à un labeur quotidien ses moyens d'existence. Les réformes opérées dans l'organisation du travail auront bien amélioré sa condition, mais elles n'en auront pas fait disparaître toutes les vicissitudes, toutes les épreuves ; ce serait une profonde illusion que de croire le contraire.

Il naît. Si vous l'abandonnez à l'individualisme, quels soins pourra-t-il recevoir de ses parents, qui ne peuvent arrêter leur travail une heure sans que le pain de la journée en soit diminué ? Dans quels langes, dans quel berceau, dans quel bouge sera-t-il posé ? Quels principes de vie puisera-t-il dans le milieu où il va être plongé ? Mais appliquez l'esprit d'association ; voilà ces frêles créatures réunies, recevant des soins éclairés, dans un local simple et salubre, sans que les parents soient affranchis du devoir de sacrifice que la nature leur impose pour leur progéniture.

L'enfant marche déjà, ses petites forces et son intelligence commencent à poindre, sa lisière est détachée, mais il a besoin encore d'un gardien. Livrez-le à l'individualisme : quel sera ce gardien ? quels seront les germes invisibles et pernicieux jetés dans son âme ? Mais recourez à l'association : je les vois réunis en petite troupe, dans un asile commun, pendant que les parents sont à leur travail, se fortifiant et recevant à leur insu les premières semences destinées à fructifier en eux.

Maintenant il commence à grandir, il est capable de rendre déjà de petits services ; la société ne doit cependant pas abandonner son esprit ni son âme. La vie de famille et les petites occupations qu'elle comporte le réclament, mais la culture de son intelligence le réclame aussi. Livrez-le à l'individualisme : quelle sera cette culture ? Ayez recours à l'association : c'est le temps de travailler, dans des écoles publiques, à l'éducation du cœur, à cette instruction générale qui est indispensable dans toutes les conditions. C'est le temps aussi, pour la République, de saisir en lui, dès qu'elles apparaissent, les vocations supérieures que la nature peut lui avoir départies, et, qu'il sorte d'une échoppe, d'une

cabane ou de la hutte d'un mineur, de le prendre, de
s'emparer de ses facultés, de l'élever au nom de la patrie ! (Applaudissements.)

L'adulte a remplacé l'enfant : à l'instruction générale doit succéder l'instruction professionnelle ; l'heure
de choisir et d'apprendre un métier spécial est arrivée.
Abandonnez à l'individualisme, à la chance isolée de
chaque sujet, cet apprentissage individuel : nous sa-
vons ce qu'il deviendra. Arrivez à l'association : le patronage bienveillant des citoyens qui se partagent la
direction des jeunes apprentis, les colonies industriel-
les ou agricoles véritablement populaires et démocratiques, et d'autres institutions analogues, président à
cette formation de l'ouvrier, ou servent à l'accomplir ;
et toujours, à quelque époque que ce soit, si la disposition d'une intelligence d'élite pour les lettres, pour
les sciences, pour les beaux-arts vient à se manifester,
la République, comme une bonne mère, s'en saisit et
lui donne sa direction.

Le travailleur est tout formé ; le voilà dans sa force
et dans son activité, pouvant obtenir de ses bras le
salaire indispensable à son existence ; c'est la période
principale ; toutes les autres n'en étaient que la pré-
paration. Ce travail qui doit le nourrir, nous avons
déjà montré la nécessité de le lui assurer ; l'individualisme ne peut y parvenir ; c'est l'association qui y parviendra, qui cherchera le travail, qui l'indiquera,
qui le multipliera ; tandis que des colonies, ouvroirs
ou ateliers nationaux, moyens bien inférieurs et tran-
sitoires, pourvoiront au plus pressé.

Tant que le travail fonctionne et prend sa part dans la production, c'est le temps de donner à l'ouvrier la prévision, de mettre à sa portée des moyens d'épargne, de l'y encourager, de l'y habituer ; car c'est une loi de raison, que le travail ne suffise pas seulement à nourrir le présent ; mais qu'il serve aussi à assurer, par des réserves, l'avenir où il sera devenu impossible.

Mais, dans le cours de cette période laborieuse, combien d'accidents ! Les premiers établissements, les mortes-saisons, les chômages forcés, les déplacements subits d'industrie, les mariages, les grossesses, la survenance d'enfants, les maladies, les procès, les infortunes accidentelles, que pourra l'individualisme contre tant de coups ? L'association en épargnera un grand nombre, et elle pourvoira aux autres.

Jadis, sous le régime féodal, quand le seigneur suzerain partait pour la guerre, quand il mariait sa fille aînée, quand il armait son fils chevalier, les vassaux étaient obligés de venir à contribution ; c'étaient des cas féodaux où la bourse des petits devait s'ouvrir pour le grand. Faisons arriver le temps, Messieurs, où la bourse, les conseils, l'aide de la communauté seront acquis au faible et au petit, dans tous les événements majeurs, dans toutes les difficultés sérieuses de la vie ! (Applaudissements.)

Enfin, les mutilations, les infirmités permanentes, la vieillesse viennent arrêter le travail. Que pourra l'isolement, que pourra même la prévoyance individuelle contre un tel événement ? Il faut recourir à la prévoyance collective, à l'assurance d'association, à l'intervention nationale, pour conduire les mesures de fraternité jusqu'au dernier terme de la carrière ; et, dans tout le cours de cette carrière, non-seulement dès le principe, mais dans son milieu, et vers sa fin, répandre sans cesse, en les accommodant aux exigences de chaque phase, la culture du cœur et de l'esprit, l'éducation religieuse, l'éducation morale, l'éducation patriotique.

La solution de ces problèmes n'est pas sans germes dans notre société actuelle. De divers côtés on en est à des essais, à des tâtonnements, à des études préparatoires, à des éléments multiples, mais épars, désunis, incoordonnés. Le gouvernement de la République moderne doit donner à ces essais une énergie nouvelle et un ensemble régulier, en même temps qu'il en doit modifier profondément le caractère ; car c'est au nom d'un principe populaire, comme accomplissement d'une obligation nationale démocratique, que les institutions de cette nature doivent être fondées.

Plusieurs agents doivent y concourir. Le travailleur lui-même, d'abord : ce serait une mauvaise institution que celle qui l'affranchirait des efforts constants imposés à chacun de nous pour la direction et pour l'accomplissement de notre destinée. Ensuite les citoyens ; et leur concours privé fera deux biens à la fois : du bien à eux, et du bien à autrui. Puis les communes, les départements ; et enfin l'État, comme lien commun entre tous ces efforts. Un temps viendra où ces créations, que nous ne faisons qu'entrevoir, seront réalisées et en

pleine fonction dans chaque circonscription adminis-
trative du territoire ; où l'administration de ces institutions nationales d'assistance fraternelle paraîtra aussi
naturellement et aussi impérieusement faire partie des
services généraux de la République, que le paraissent
de nos jours l'administration de la justice et celle des
travaux publics [1].

[1] Cet exposé des obligations d'assistance nationale, suivant tout le cours
de la vie du travailleur, n'est presque que la reproduction du tableau que
j'en avais déjà tracé, dans ma Préface des *Mystères de la Providence*,
p. xix et suiv. 1846.

LEÇON VII.

(Mardi, 14 mars.)

BUDGET. — MENDICITÉ. — RÉVOLUTION PÉNALE.

I.

Nous avons défini les obligations nationales d'assistance fraternelle. C'est fort bien, dira-t-on, mais les ressources financières nécessaires pour y pourvoir, où les prendrez-vous? Le budget de la République, Messieurs, doit être tout autre que celui qui l'a précédé, tout autre dans la direction des recettes et dans celle des dépenses. Il ne s'agit pas de le parcourir article par article et de chercher à y faire quelques réductions, il s'agit de le concevoir en sens inverse. Bien des points, considérés comme accessoires, doivent être mis en tête et dominer la situation. De ce nombre sont les obligations d'assistance nationale dont il faut organiser l'accomplissement. Quand une chose est possible et juste, qu'on la veuille, on y parviendra.

Je n'entrerai pas dans un détail financier du budget. Vous pouvez remarquer cependant certaines économies qu'il est dans la nature même du Gouvernement républicain d'opérer. Chacun notera d'abord celle de l'entretien et du luxe d'une cour dynastique avec tous les accessoires marchant à la suite. Je vous en signalerai une bien plus importante encore.

C'était une idée répandue dans les premiers temps de la révolution de 1789 que l'armée ne doit jamais être employée contre les citoyens. Cette idée, Sieyès, dans son projet de déclaration de droits, la formulait en ces termes : «Art. 13. Le pouvoir militaire n'est créé, n'existe et ne doit agir que dans l'ordre des relations politiques extérieures. Ainsi le soldat ne doit jamais être employé contre le citoyen ; il ne peut être commandé que contre l'ennemi extérieur. » Eh bien! ce qui n'était que pure théorie, ce qui n'a jamais passé en règle de gouvernement, nous l'avons fait d'une manière beaucoup plus sûre que par une loi quelconque, nous l'avons fait par les mœurs. Une aristocratie, une dynastie régnante sentent bien, au fond, qu'elles sont séparées du peuple ; elles l'ont toujours en vue comme une sorte d'ennemi futur contre lequel il faut d'avance se prémunir. De là les gardes étrangères, les Suisses, les Écossais ; les troupes hongroises de l'Autriche en Italie, et les troupes italiennes en Hongrie ; de là les gardes prétoriennes, les gardes privilégiées, les armées qu'on multiplie et qu'on travaille à gagner. Aujourd'hui, chez nous, par deux fois l'expérience a été faite : le soldat, enfant du peuple et peuple lui-même, ne peut plus être armé contre le peuple. Ces hommes qui lèvent en l'air la crosse de leur fusil devant leurs concitoyens, mettez-les en face de l'ennemi, et vous verrez ce qu'ils sauront faire! (Applaudissements.) La République n'a besoin d'armée que contre l'étranger, si, à Dieu ne plaise, cela devenait nécessaire, et pour cette guerre tous les citoyens seraient soldats; les Écoles se lèveraient et marcheraient à la voix de leurs professeurs (vifs applaudissements), la force républicaine naîtrait comme d'elle-même. Évidemment cette nature de gouvernement comporte, non pas dès aujourd'hui, mais dans l'avenir, une notable réduction dans les armées permanentes. Double bienfait public, et pour l'enfant de la campagne ou de l'atelier, qu'on n'ira pas arracher à sa famille et au travail, et pour le pays, qui devra à ce système des économies considérables.

Ainsi, on peut se fier à l'essence du gouvernement républicain, tel que les lumières de notre époque doivent le faire établir. Ce gouvernement, sans ralentir le mouvement de l'agriculture, de l'industrie et du commerce, source commune de richesse nationale, sans affaiblir l'éclat des sciences, des lettres, des beaux-arts, gloire de notre peuple, saura trouver, dans l'application et dans le résultat de ses principes, les ressources financières nécessaires pour organiser les institutions qu'il réclame.

Dans un tel système, que deviennent, je vous le demande, la mendicité, mot qui fait mal à prononcer, et ces établissements, prétendus charitables, qui en retiennent le nom, les dépôts de mendicité?

Que devient, je vous le demande, le communisme, dont on aura pris l'idée bonne, l'idée utile, celle d'une communion d'efforts à faire et de la consécration de la fortune publique à l'assistance générale, sans détruire la famille, sans détruire la liberté individuelle, sans détruire les lois morales de l'activité et de la responsabilité de l'homme?

J'avais donc raison de vous le dire : dans les principes du gouvernement républicain moderne, la propriété ne sera pas seulement respectée ; à l'aide des institutions dont nous venons de parler, elle se trouvera consolidée et noblement garantie. — Elle le sera encore sous un dernier rapport : la réforme de la criminalité et la révolution à accomplir dans le droit pénal.

II.

Déjà, plus d'une fois, je vous ai démontré la liaison du droit pénal avec le droit politique ; je vous ai fait voir, dans l'histoire, que toute révolution politique, sans exception, amène sa révolution pénale. Je vous ai fait voir la question de la peine de mort, depuis les dernières années du dix-huitième siècle, portée à l'ordre du jour par chaque grande commotion publique. A la tribune de la Constituante, en 1791, où Robespierre réclamait l'abolition de ce supplice ; à la tribune de la Convention, immédiatement après le vote de la mort de Louis XVI, et au dernier moment de sa dernière séance, lorsque le président, demandant : « Quelle heure est-il? » une voix répond :

« L'heure de la Constitution ; » et une autre : « L'heure de la justice ! » et que l'assemblée, avant de se séparer, décrète l'abolition de la peine de mort dans toute la République française, à dater du jour de la publication de la paix générale, abolition nominale qui devait rester sans réalité. Vous l'avez retrouvée encore à la tribune de 1830, portée par la pétition des *Écoles* et des blessés de juillet, au moment du jugement des ministres.

Voici sur ce point, messieurs, une transformation bien remarquable. La philosophie du dix-huitième siècle, Beccaria et ses partisans d'alors, les déclarations de droits de 1789, les comités de la Constituante, Lepelletier, leur rapporteur, Condorcet à la Convention, et la plupart des motions diverses qui se succèdent, demandent l'abrogation de la peine de mort pour les crimes privés, mais non en matière politique, « parce qu'ici, dit Condorcet, les questions sont différentes ; » le salut de la patrie peut être impérieux. C'est absolument l'inverse de l'esprit actuel. En un demi-siècle, l'idée a été retournée. Nous avons vu tant de révolutions et tant d'illustres victimes ! tant de têtes frappées, quand les sciences, quand les beaux-arts, quand la poésie les avaient consacrées ; tant de poitrines, quand la mitraille de l'ennemi les avait respectées ! Aussi le décret d'abolition, par lequel le gouvernement provisoire a honoré ses débuts, n'a-t-il été que l'expression du sentiment commun de la nation [1].

---

[1] République française. « Le Gouvernement provisoire, convaincu que la

Mais l'abolition de la peine de mort, même avec une plus grande extension, ne serait pas la solution du problème pénal. On avait entrepris ce qui se nommait, d'un nom étroit, la réforme des prisons ; tandis qu'il y avait à faire une révolution pénale. Et les mots avaient leurs conséquences : puisque c'est une réforme des prisons, c'est une affaire d'exécution, c'est le ministre chargé de cette exécution qui la dirigera. Il semble que cela ne regarde ni la justice, ni les Codes, ni la loi pénale, à laquelle on ne touchera pas. Qu'on nous donne des noms de peines, cela suffit : nous ferons de ces peines ce qui nous conviendra ! Et où conduisait cette confusion des idées de justice, ce renversement des rôles, cette prédominance en une telle matière du pouvoir chargé d'exécuter les peines ? Une triste anecdote vous le fera voir.

En 1840, à Bastia, une vieille femme, logeuse, est assassinée et sa maison dévalisée durant la nuit. Un homme d'un village voisin, petit marchand, nommé Philippi, qu'on disait avoir vu sur les lieux dès le ma-

grandeur d'âme est la suprême politique, et que chaque révolution opérée par le Peuple français doit au monde la consécration d'une vérité philosophique de plus ; Considérant qu'il n'y a pas de plus sublime principe que l'inviolabilité de la vie humaine ; Considérant que, dans les mémorables journées où nous sommes, le Gouvernement provisoire a constaté avec orgueil que pas un cri de vengeance ou de mort n'est sorti de la bouche du peuple ; Déclare que, dans sa pensée, la peine de mort est abolie en matière politique, et qu'il présentera ce vœu à la ratification définitive de l'Assemblée nationale. Le Gouvernement provisoire a une si ferme conviction de la vérité qu'il proclame au nom du Peuple français, que si les hommes coupables qui viennent de faire couler le sang de la France étaient dans les mains du peuple, il y aurait, à ses yeux, un châtiment plus exemplaire à les dégrader qu'à les frapper (26 février 1848). »

tin, est saisi, accusé, déclaré coupable par le jury et
condamné ; heureusement il y avait admission de circonstances atténuantes : la condamnation fut celle des
travaux forcés à perpétuité. Philippi est conduit au
bagne de Toulon. Il y était depuis deux ans, lorsque
sept malfaiteurs italiens, surpris à Lucques et à Rome,
s'accusent réciproquement de plusieurs crimes et no-
tamment de celui de Bastia. Les divers gouvernements
s'entendent, une instruction est reprise en Italie et
officieusement en Corse, l'innocence de Philippi est
reconnue ; six de ces malfaiteurs sont condamnés à
mort et exécutés, le septième meurt bientôt aux ga-
lères. Et Philippi, le malheureux, l'innocent Philippi,
que va-t-il devenir ? Si la condamnation des sept malfaiteurs avait eu lieu en France, notre droit pénal aurait offert un moyen de revenir sur celle de Philippi,
la cour de cassation aurait cassé les deux arrêts in-
conciliables, et aurait renvoyé tous les accusés devant
une cour d'assises chargée de reconnaître et de punir
les vrais coupables. Mais les derniers arrêts avaient
été rendus en Italie : notre droit pénal n'offrait aucun
moyen de révision. On fait grâce à Philippi du res-
tant de la peine, on lui ouvre le bagne : encore
attend-on le jour de la fête du roi ! Malheureux condamné, retourne dans ton village : et ta femme, et
tes filles ? elles ont fui de honte dans les bois, dans
les mackis, elles grattent la terre pour vivre ! Et tes
anciens amis ? ils te fuient, ils s'éloignent de toi : tu
es un libéré, un mort civilement ! Et ton petit négoce,
et ta clientèle ? dispersée, perdue ! Et du travail ?

forçat, qui t'en donnerait! Et les autorités? elles te soulagent de quelques deniers, puis te consignent à leur porte !

Après tant d'angoisses, tant de tortures, une voix lui dit : « allez à Paris. » On me l'adresse ; nous frappons partout. A la préfecture de police : « Nous n'avons pas de fonds pour cet objet. » Au ministère de la justice : « Quoi! pauvre homme! vous avez souffert tout cela! quelle réparation on vous doit! allez au ministère de l'intérieur, cela n'est pas de notre département. » Au ministère de l'intérieur : « Que venez-vous faire ici? retournez bien vite dans votre endroit! le préfet de police vous donnera une feuille de route et quelque argent pour votre voyage. » Et aujourd'hui le malheureux Philippi est à l'hôpital de Bastia, où il meurt, où il meurt de sa condamnation, où il meurt des flétrissures de sa peine, où il meurt du déni de réparation, où il meurt de son désespoir de la justice des hommes. Et vous nous parlez de réforme pénitentiaire ! et vous nous parlez de l'amélioration des condamnés, et d'un meilleur avenir à leur donner !

Messieurs, si j'ai insisté sur cette douloureuse histoire, que déjà, dans un autre cours, je vous avais signalée, c'est qu'il en pourra résulter quelque bien ; c'est que Philippi, s'il n'est pas trop tard, pourra en être soulagé : car j'ai foi dans le cœur et dans la justice des ministres provisoires de la république. (Applaudissements.)

Le gouvernement républicain moderne s'emparera

du problème de la réforme criminelle, mais en la faisant reposer sur des bases toutes différentes. Nous profiterons, sans les dédaigner, des matériaux amassés ; mais la logique reprendra son empire ; la justice passera avant l'exécution ; notre Code pénal, que je vous ai montré inférieur, dans sa partie générale, à tous les Codes modernes de l'Europe, notre Code d'instruction criminelle, qui porte en toutes ses parties la main d'un autre régime, seront sérieusement révisés, et ce gouvernement accomplira, je l'espère, la véritable révolution pénale, dont je vous ai tant de fois démontré les bases.

Voyez comme il aura mieux pris la question : par toutes les institutions de moralité, de travail, et d'assistance nationale, il aura, en grande partie, prévenu le mal en faisant le bien ; par une pénalité tendant réellement au but qu'elle doit atteindre, il achèvera l'œuvre. Et comptez ce qu'il en résultera, même au point de vue des économies : économies sur la richesse gaspillée par le vice, sur la richesse détruite par le délit, sur les frais de justice criminelle dont le taux, durant ces trois dernières années, était de quatre millions quatre cent mille francs ; enfin sur la richesse produite par les bras arrachés à la mendicité, au vagabondage, au vice, au crime, et rendus au travail.

Toute cette œuvre, large et bienfaisante, dont nous avons essayé de dérouler le tableau, va-t-elle s'accomplir, s'achever d'elle-même sur-le-champ, par cela seul que notre gouvernement est un gouverne-

ment républicain? Il y aurait plus que de la naïveté
à le croire :

« A tout enfantement le temps est nécessaire. »

Nous recueillons un héritage qu'il faut liquider ; nous
le recueillons dans les personnes, dans les mœurs,
dans les institutions, dans les finances, et nous devons nous en ressentir encore pour un temps.

Une crise financière latente, succédant à une autre
crise à peine passée, éclate dans la commotion, et
s'aggrave de proche en proche par la peur. Hélas!
messieurs, c'est presque une nécessité de ces grandes
secousses nationales : après les morts sur le pavé viennent les morts sur le parquet. Et voici le résultat de
nos mœurs : sur le pavé, les morts sont peu nombreux, la justice populaire est si prompte, si énergique, si généreuse! Peu nombreux en 1830, moins
nombreux encore en 1848, pour une bien plus grande
révolution. Les morts sur le parquet, au contraire, se
multiplient à la suite d'une époque qui avait jeté dans
toutes les familles, dans tous les esprits, l'excitation
et le vertige de la spéculation. Nous sommes tristes
des uns et des autres. Plus tristes, peut-être, des se-
conds que des premiers; car à ceux-ci et à leur famille arrive la gloire d'un nom impérissable : aux
autres seulement, la douleur domestique et le contre-
coup social. Cependant, pour les uns comme pour
les autres, voici ce qu'on fait : sur la place où sont
tombés les morts, les vivants se resserrent, et la Patrie est toujours debout ! (Sensation.)

Cette œuvre à accomplir contient en soi une immensité de travaux. Mais ayons foi dans les ressorts énergiques de l'homme libre. En temps de sacrifice et d'activité, en temps de révolution populaire et juste, on va vite, et Dieu fait qu'on va bien.

Je n'ai développé devant vous, messieurs, que les principes du Gouvernement républicain moderne. Nous n'avons pas parlé d'une constitution qui n'est pas faite. Mais tout est contenu dans ces principes, tout doit en dériver. Nous les résumons en ces termes : Principe fondamental dominant, SOUVERAINETÉ DU PEUPLE ; principes fondamentaux secondaires : LIBERTÉ, ÉGALITÉ, FRATERNITÉ.

Je terminerai, maintenant, en disant avec les déclarations américaines : « Il est nécessaire de recourir » fréquemment aux principes fondamentaux, pour » conserver les avantages inappréciables de la li- » berté[1]. » En effet, il faut y recourir, il faut que les esprits et que les institutions s'y retrempent sans cesse : car si nous venions à oublier, dans un temps ou dans un autre, ce que c'est que la souveraineté du peuple ; si nous venions à oublier qu'elle est inaliénable, et que, comme le disait la Convention, nul individu,

---

[1] Déclaration des droits, de la Caroline septentrionale, 1776, art. 21. — La déclaration des droits de la Pensylvanie (art. 14), et celle du Massachusetts (art. 18) contiennent la même maxime : « Un recours fréquent aux principes fondamentaux de la constitution, et une adhésion constante à ceux de la justice, de la modération, de la tempérance, de l'industrie, de la frugalité, sont absolument nécessaires pour conserver les avantages de la liberté, et maintenir un Gouvernement libre. »

nulle réunion partielle de citoyens ne peut se l'attribuer ; si nous venions à oublier ce que c'est que la
liberté ; si nous laissions s'affaiblir dans l'État la justice de l'égalité, et dans nos cœurs le sentiment de
la fraternité : nous pourrions avoir l'apparence d'un
peuple libre, mais nous serions un peuple asservi ;
nous pourrions avoir l'apparence de la République,
mais nous n'en aurions pas la réalité ; et, peut-être,
la forme elle-même en serait brisée : cet avenir n'ar-
rivera pas ! (Applaudissements.)

LEÇON VIII ET DERNIÈRE.

(Jeudi, 16 mars.)

RELATIONS INTERNATIONALES. — LOI DU PROGRÈS.

Nous avons considéré, jusqu'ici, les principes du gouvernement républicain moderne à l'intérieur du pays : nous les examinerons maintenant au dehors.

I.

C'est surtout en diplomatie que les expressions d'État ou Puissance, et celles de Peuple ou Nation, se distinguent les unes des autres. La diplomatie ne tient compte que des États ou Puissances, c'est-à-dire des unités de gouvernement. Quant aux Peuples ou Nations, c'est-à-dire aux unités d'origine ou d'histoire, bien souvent elle les froisse, elle les divise ou les accouple d'une manière antipathique, et prépare ainsi des soulèvements. Les traités de 1814 et de 1815 étaient pleins de pareilles dispositions.

Les États, comme les individus, sont appelés par la

loi même de la création humaine, à vivre en relation les uns avec les autres. L'isolement n'est la loi de nature ni pour les hommes ni pour les gouvernements. Dans ces relations d'État à État, il existe forcément, pour les uns à l'égard des autres, certaines nécessités morales d'actes à faire ou à ne pas faire, qui sont exigibles : l'idée de ces nécessités, généralisée, est ce qu'on nomme le droit international. Droit rationnel, droit-vérité, quand il est fondé uniquement sur les lumières de la raison ; droit conventionnel ou positif, quand il est établi par l'usage ou par les traités.

II.

Quel est, dans chaque État, le pouvoir qui commande, qui décide d'une manière suprême sur ces relations avec les autres États, qui n'a aucun autre pouvoir au-dessus ni à côté de lui, et qu'on peut appeler, à cause de cela, souverain ? Évidemment il n'y en a pas d'autre que l'universalité des citoyens. Les diverses formes de gouvernement aristocratique ou monarchique peuvent bien prétendre attribuer ce pouvoir à une caste ou à une dynastie ; mais le gouvernement républicain ne le reconnaît qu'au peuple, sauf à celui-ci à en déléguer l'exercice. Le dogme de la souveraineté du peuple revient donc ici pour l'extérieur comme pour l'intérieur. On peut bien distinguer, par l'analyse, la souveraineté extérieure de la souveraineté intérieure, mais à vrai dire ce sont deux parties d'un même tout.

Divers États peuvent être associés, combinés entre
eux, de manière à ce que leur souveraineté extérieure
s'en trouve plus ou moins altérée, ou même annihilée.
Telle est, par exemple, la situation des États de
l'Union américaine : c'est à l'Union seule qu'appartient la souveraineté extérieure, chaque État, en particulier, n'en a rien réservé. Dans la confédération
germanique, au contraire, la souveraineté extérieure
des États membres de cette confédération n'est que
limitée en quelques points et elle existe sur tous les
autres. La diplomatie n'a pas à considérer la souveraineté intérieure, mais seulement la souveraineté extérieure.

III.

Un premier principe fondamental dominant, pour
les États comme pour les individus, c'est le droit
de conservation et de bien-être : droit limité pour
chacun par le droit d'autrui. Il est aussi une autre
condition essentielle : pour qu'un être ait rationnel-
lement le droit de se conserver, il faut que son existence soit légitime ; autrement c'est sa destruction
qui sera une satisfaction donnée au droit. Appliquez cela aux États : si leur existence n'est que le
résultat de la force, de l'oppression, de l'astuce, le
droit conventionnel, ou positif, peut bien leur attribuer la faculté de se conserver ; mais le droit rationnel,
le droit vérité d mande, pour être satisfait, qu'ils suc-
combent.

Après ce principe fondamental dominant, il en est

d'autres à mettre également en lumière. La vérité, Messieurs, n'a pas double face ; quand une fois on l'a trouvée, on peut la suivre, sans crainte d'être égaré par elle. La République française, qui a pris pour son régime intérieur ces trois principes : LIBERTÉ, ÉGALITÉ, FRATERNITÉ, peut aussi les appliquer à l'extérieur ; dans l'un comme dans l'autre de ces ordres d'idées, ils sont vrais.

La liberté, autrement dite l'indépendance des États souverains, est proclamée par le droit international rationnel et par le droit international positif. Cette liberté est extérieure : elle s'oppose à la domination, à l'autorité, à l'influence décisive de toute puissance étrangère, au sein d'un autre État. Le sentiment de cette liberté est le plus naturel, le plus prononcé dans le cœur des populations ; celles mêmes qui supportent avec patience l'oppression de leur propre gouvernement, se soulèveraient avec énergie contre celle de l'étranger.

La liberté internationale a pour conséquence, que chaque État est maître d'installer chez soi la forme de gouvernement qu'il veut : aristocratie, monarchie absolue ou constitutionnelle, démocratie, peu importe ; ce n'est pas une affaire extérieure, les autres États n'ont pas à y intervenir.

Sans doute, il peut y avoir dans ces formes de gouvernement des violations flagrantes des droits du peuple. Mais aucun État n'est chargé d'être le redresseur des torts, et surtout des torts intérieurs d'un autre État.

Sans doute il y a dans chaque gouvernement une sympathie naturelle pour les gouvernements à formes analogues : la République française ne pourrait voir qu'avec un intérêt marqué la forme républicaine se propager autour d'elle. Ces sympathies peuvent porter les États à se rendre plus facilement de bons offices, à former ensemble des alliances, mais elles ne les dispensent pas du respect qui est dû à la liberté intérieure de chacun d'eux ; seulement chaque peuple, en observant ce respect, est autorisé par l'équité internationale à exiger que les autres peuples l'observent également, et à entrer en ligue pour les y contraindre au besoin.

Enfin, chaque peuple a toujours la faculté de prendre une allure plus décidée, et de donner, suivant les circonstances, au gouvernement étranger qui réclame son appui, une assistance directe et efficace ; mais il doit savoir qu'il entre ainsi en lutte, et il doit avoir pour maxime constante de n'y entrer jamais que pour soutenir une bonne cause, la cause non pas du droit positif quand ce droit est injuste, mais la cause du droit rationnel, du droit-vérité.

L'égalité, si l'on ne s'attache qu'aux faits, n'existe pas plus entre les nations qu'entre les individus ; et l'influence que la diplomatie accorde aux États, ne se mesure que trop souvent sur leur degré de puissance effective. Ici, comme pour les hommes, c'est le droit qui engendre, qui fait surgir l'idée d'égalité. Si petit, si faible qu'il soit, un État n'a pas moins que tout autre, son droit de souveraineté intérieure et extérieure, son droit de conservation et de bien-être social, son droit d'indépendance. Il est dans l'esprit du gouvernement républicain moderne, de respecter et de faire respecter cette égalité.

Quant au principe de fraternité, vrai et saint entre les hommes, il l'est également entre les peuples. Il y a dans l'organisation et dans la vie des États, tels qu'ils existent aujourd'hui, tant de violations de droit intérieur ou extérieur, avec absence d'un pouvoir judiciaire supérieur chargé de prononcer sur ces violations et de les faire cesser, que les peuples en sont réduits à obtenir justice d'eux-mêmes, et que la guerre, cette inique patronne de ce qu'on appelle le droit du plus fort, est fréquemment l'unique ressource entre les États. Le gouvernement républicain, tel que les lumières modernes nous le font entrevoir, gouvernement de droit, gouvernement de fraternité au dedans comme au dehors, supprimerait ces conflits de violence, s'il était établi tout à l'entour de nous ; du moins il montre la tendance et pousse les peuples vers cette voie.

IV.

Après cette indication des principes de liberté, d'égalité et de fraternité entre les peuples, un dernier mot relatif au territoire et à la population. Un peuple libre, un gouvernement républicain conforme aux idées modernes est bien loin de convoiter des territoires, de rêver le reculement de ses frontières : en serait-il plus libre ? en serait-il plus heureux ? Ce sont là convoitises et jeux de princes. D'ailleurs, il lui faudrait violer à la fois ses trois principes, c'est-à-dire cesser d'être lui-même, pour donner satisfaction à ces désirs d'envahissement. Les adjonctions de territoire et de population, les fusions d'un État à un autre, sont des points de haute souveraineté. Quand vous voyez des princes se léguer, se vendre, échanger entre eux des portions de leur territoire avec la population qui s'y trouve, ou s'en emparer, se les partager par la force, vous assistez à un triste spectacle, à une odieuse violation du droit-vérité. De même qu'il n'y a que le peuple, dans un moment de crise solennelle, lorsqu'il se lève tout entier et décide lui-même de son destin, qui puisse renverser son système de gouvernement, en mettre un autre à sa place et faire, à l'intérieur, une légitime révolution : de même, il n'y a que lui, dans une crise non moins solennelle, dans l'exercice personnel de sa propre souveraineté, qui puisse se séparer d'un État, ou cesser d'en faire un par lui-même et venir se fondre dans un autre.

Dans les choses privées comme dans les choses publiques, au dedans comme au dehors, la politique qui nous envahissait sous le régime d'où nous sortons était la politique de l'intérêt. Cependant à côté de celle-là, il y a la politique du droit. L'ordre régulier, satisfaisant aux véritables conditions de l'homme et de la société, est de les combiner l'une avec l'autre. Il faut aussi quelquefois, dans les États, savoir suivre les élans de générosité : comme, lorsque voyant un homme attaqué par des spadassins, vous courez à son secours sans

songer au péril dans lequel vous vous jetez. Et soyez
certains, messieurs, qu'en fin de compte la politique
du droit se trouve presque toujours celle du véritable
intérêt.

V.

Soyez certains aussi, messieurs, que pour arriver
au triomphe du droit dans l'ordre intérieur et dans
l'ordre extérieur des États, le Monde a de puissants
auxiliaires : le temps, d'abord, et ensuite les lois qui
président à la marche des destinées humaines.

La première de ces lois est celle par laquelle tout
naît, tout s'engendre et se renouvelle ici-bas; c'est la
loi de génération, vraie au moral comme au physique.
Chaque grand événement est un germe pour l'avenir : ainsi de la révolution de 1789, de l'empire, de
sa chute, de la révolution de 1830 ; soyez sûrs que
celui de notre révolution républicaine ne restera pas
stérile.

La seconde loi porte un nom qui à lui seul donne
de l'effroi à ceux dont l'œuvre ou le pouvoir doivent
finir. Prenant son principe dans le caractère essentiellement communicatif et imitateur de l'homme, elle se
nomme la propagande ; non pas la propagande physique, par le mouvement des armées et le choc matériel des corps; mais la propagande invisible et toujours agissante, celle qui passe les frontières, les cor-
dons et les lignes de douanes, la propagande par la
pensée.

La troisième n'est que la conséquence de celle qui

précède : c'est la similitude, qui marche à la suite de la propagande, dont le travail est visible, en toute chose, autour de nous, et qui, effaçant chaque jour une différence, rapproche, à travers les siècles, l'humanité de cette fin providentielle : l'unité. Tous les grands génies ont eu l'instinct de l'unité. Entre les diverses fractions de la religion du Christ, ce qui montre la supériorité du catholicisme, c'est que, tandis que les autres ne sont que séparation, diffusion, éparpillement, lui seul est assis sur cette grande loi qui lui assure l'espace et l'avenir : l'unité [1].

Mais où nous conduisent ces trois lois qui président à nos destins : la génération, la propagande et la similitude ? Nous conduisent-elles au mal ou au bien ? à la servitude ou à la liberté ? à la haine mutuelle ou à la fraternité ? Rassurez-vous : l'homme est essentiellement perfectible ; l'erreur est périssable, la vérité est immortelle ; une fois surprise et démontrée, elle nous reste : les trois lois nous conduisent au progrès.

Voyez, en Europe, dans l'ordre constitutionnel que nous examinons, la marche de ce progrès. A l'organisation barbare succède l'organisation féodale ; à celle-ci, les constitutions du moyen âge, avec leurs

---

[1] « Pour la pensée poétique, pas plus que pour la pensée religieuse et chrétienne, il n'est vrai que la société soit composée de trois classes de nature diverse : une haute, à qui serait dû le monopole de la splendeur et de la puissance publique ; une moyenne, qui aurait celui des travaux de l'intelligence ; et une basse, à qui il ne resterait pour lot que le labeur des mains. Unité, c'est le premier, c'est le grand, c'est le dernier mot de l'humanité. » (*Ma Préface aux Œuvres de Poncy*, 1842 et 1846.)

assemblées par ordres , les inégalités de toute nature , les corporations ; puis la monarchie absolue, dont l'énergie travaille à rapprocher les éléments disjoints, à détruire le fractionnement , à constituer la nation ; puis la monarchie constitutionnelle à deux chambres , ou le gouvernement par roi , lords et communes , engendré, en Angleterre, par la série des précédents , et qui en est à sa propagation en Europe, gouvernement dans lequel les peuples font comme leur stage , leur éducation , et qui est en quelque sorte la transition à une forme plus populaire. Enfin , notre république française de 1848 , qui, n'en doutez pas , vient donner une nouvelle impulsion à la propagande immatérielle courant sur les peuples.

Voilà les lois immuables, inévitables. Respect , hors de nous, à l'indépendance intérieure des peuples ; sympathie à tous ceux qui avancent , à quelque point du progrès qu'ils en soient arrivés : nous n'avons besoin ni d'impatience ni de violence ; énergie chez nous pour vouloir fortement notre république, pour la vouloir pure et vraie : l'avenir est à nos idées ! (Vifs et longs applaudissements.)

FIN.

TABLE.

FIN DE LA TABLE.

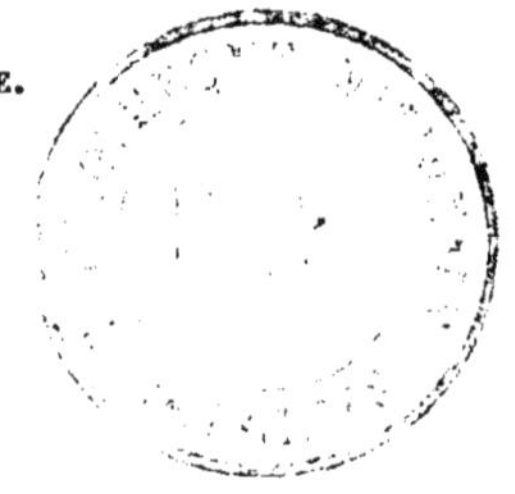

PARIS. — IMPRIMERIE DE FAIN ET THUNOT ,
Rue Racine, 28, près l'Odéon.